Was wir gewinnen, wenn wir verzichten

Christian Firus

Was wir gewinnen, wenn wir verzichten

Patmos Verlag

VERLAGSGRUPPE PATMOS
PATMOS
ESCHBACH
GRÜNEWALD
THORBECKE
SCHWABEN
VER SACRUM

Die Verlagsgruppe
mit Sinn für das Leben

Die Verlagsgruppe Patmos ist sich ihrer Verantwortung gegenüber unserer
Umwelt bewusst. Wir folgen dem Prinzip der Nachhaltigkeit und streben den
Einklang von wirtschaftlicher Entwicklung, sozialer Sicherheit und Erhaltung
unserer natürlichen Lebensgrundlagen an. Näheres zur Nachhaltigkeitsstrategie
der Verlagsgruppe Patmos auf unserer Website www.verlagsgruppe-patmos.de/
nachhaltig-gut-leben
Übereinstimmend mit der EU-Verordnung zur allgemeinen Produktsicherheit
(GPSR) stellen wir sicher, dass unsere Produkte die Sicherheitsstandards
erfüllen. Näheres dazu auf unserer Website www.verlagsgruppe-patmos.de/
produktsicherheit. Bei Fragen zur Produktsicherheit wenden Sie sich bitte an
produktsicherheit@verlagsgruppe-patmos.de

5. Auflage 2025
Alle Rechte vorbehalten
© 2020 Patmos Verlag
Verlagsgruppe Patmos in der Schwabenverlag AG, Senefelderstr. 12,
73760 Ostfildern
www.patmos.de

Umschlaggestaltung: Finken & Bumiller, Stuttgart
Satz: Schwabenverlag AG, Ostfildern
Druck: CPI books GmbH, Leck
Hergestellt in Deutschland
ISBN 978-3-8436-1253-1 (print)
ISBN 978-3-8436-1294-4 (eBook)

Wir brauchen nicht so fort zu leben,
wie wir gestern gelebt haben.
Macht euch von dieser Anschauung los,
und tausend Möglichkeiten
laden uns zu neuem Leben ein.

Christian Morgenstern

Inhalt

Vorwort 9

Warum Verzichten etwas mit seelischer Gesundheit zu tun hat 13

Ist Hans ein Loser oder ein Held?
Was wir von Hans im Glück lernen können 19

1. Worauf wir verzichten können 26

Wenn das Glas voll ist, passt nichts mehr hinein
Verzicht auf (noch) mehr 26

Lieber ankommen als hinterherjagen
Verzicht auf Vergleich und Selbstoptimierung 33

Vom to go zum to be
Verzicht auf nebenbei noch schnell 45

Das Nein zu anderen und das Ja zu mir
Der Verzicht darauf, zu gefallen 52

Entscheidungen treffen
Verzicht darauf, sich alles offen zu lassen 64

Vorfahrt für das Leben
Verzicht auf Anspruchsdenken 69

Verzicht in der Krise
Wenn wir plötzlich verzichten müssen 75

2. Auf der Spur des WENIGER 87

Was hat Dankbarkeit mit Verzicht und Lassen zu tun? 87

Warum Verzicht Freude bereitet 95

Entschleunigung 100

Die Motivation über das Annäherungsverhalten 117

Den Körper als Feedback- und Impulsgeber nutzen lernen 122

Kleine Schritte gehen 126

Mit Schwierigkeiten rechnen 131

Persönliche Werte und authentisches Handeln 135

Nachwort: Das Überleben der Menschheit kann nur mit weniger gelingen 142

Ausblick 155

Dank 157

Literatur 158

Anmerkungen 159

Zitatnachweise 160

Vorwort

Stellen Sie sich vor, Sie stehen an der Käse- oder Wursttheke, Sie haben 200 Gramm bestellt und werden plötzlich gefragt: »Darf's auch etwas weniger sein?« Vermutlich würden Sie aus allen Wolken fallen und denken, Sie hätten nicht richtig gehört. So vertraut ist uns die gegenteilige Frage: »Darf's auch etwas mehr sein?« Sie haben, wenn Sie dieses Buch in der Hand halten, allerdings bereits bewiesen, dass Sie bereit sind, sich genau mit diesem Weniger zu beschäftigen.

Ich möchte Ihnen nichts wegnehmen. Vielmehr möchte ich Ihnen zeigen, was Sie gewinnen, wenn Sie sich mit dem Weniger anfreunden. Die Forschungsergebnisse aus den sogenannten blauen Zonen, in denen überdurchschnittlich viele Frauen und Männer – Letzteres erstaunt am meisten – über hundert Jahre alt werden, weisen in Richtung Einfachheit. Es handelt sich bei den blauen Zonen um Regionen mit überdurchschnittlich alten und gleichzeitig gesunden Menschen. Der Erstbeschreiber Dan Buettner (»The Secrets of a Long Life«) identifizierte fünf Regionen, die er mit einem blauen Stift – daher der Name – umrandete: Okinawa (Japan), Sardinien (Italien), die Nicoya-Halbinsel (Costa-Rica), Ikaria (Griechenland) und Loma Linda (Kalifornien), wo Siebenten-Tags-Adventisten leben. Wesentliche Bedingungen für ein langes Leben sind tägliche Bewegung (und damit ist nicht zwangsläufig Sport gemeint), einfaches Essen, ohne sich zu überessen, ein soziales, liebevolles Miteinander in Familie und Freundeskreis, Verbundenheit mit der Natur und Sinnorientiertheit. Viel Geld braucht es dafür nicht!

Es kommt sogar noch besser: Weniger hat das Zeug zum Glücklich-Machen, Weniger bietet auf vielen Ebenen einen Weg zu mehr Gesundheit, Freiheit und Entfaltung. Auf diese Entdeckungsreise möchte ich Sie mitnehmen. Dabei werden wir Hans im Glück als einen vermeintlich verrückten Experten für Verzicht kennenlernen. Ich bin gespannt, ob er vielleicht sogar zu einer Galionsfigur für eine neue Kultur werden kann.

In vielen Bereichen des persönlichen und gesellschaftlichen Lebens wird spürbar, dass das Fass längst voll ist und oft genug bereits überläuft. Dennoch gießen wir munter weiter ein, ohne dass wir uns zur Wehr setzen und Stopp sagen. Die Folgen zeigen sich in einer sehr deutlichen Zunahme von stressbedingten Erkrankungen: Bluthochdruck, Übergewicht und Fettleibigkeit, Suchterkrankungen, Burn-out und viele andere Krankheiten. Und auch der Erde geht an manchen Stellen die Puste aus: durch fortgesetzten übermäßigen Konsum, Rohstoff- und Ressourcenverbrauch und ungezügeltes Wegwerfverhalten.

Die Menschen, die mir mit all dem in der psychosomatischen Behandlung begegnen, möchten raus aus diesem Hamsterrad. Oft finden sie den Ausgang allerdings nicht. Dieses Buch möchte dazu beitragen, rechtzeitig und immer wieder aufs Neue den Ausgang zu finden. Dabei geht es nicht darum, dauerhaft aus unseren privaten, beruflichen oder gesellschaftlichen Verpflichtungen auszusteigen oder gar auszuwandern. Aber immer wieder einmal, auch und gerade im täglichen Tun, Abstand zu bekommen von dem, was uns hetzt und treibt, und Zeit und Muße zu finden für die kleinen Auszeiten und Parkbuchten am Wegesrand, dazu möchte ich mit diesem Buch anregen.

Die Vision lautet:
Weniger Fremdbestimmung, mehr Selbstbestimmung!
Weniger Müssen, mehr Wollen!
Weniger (Selbst-)Optimierung, mehr (Gestaltungs-)Freiheit!
Weniger Tun, mehr (Sein-)Lassen!
Weniger Vergleichen, mehr Dankbarkeit!
Weniger Hast, mehr Rast!
Weniger Pflicht, mehr Kür!
Weniger Ich, mehr Miteinander!

Ich wünsche uns allen, dass wir Mittel und Wege dazu finden und ein neues Offensein für Veränderung hin zu mehr Lassen entwickeln. Ängste, darauf weisen unsere menschlichen Erfahrungen hin, gehören dazu, sie wollen erkannt und ernst genommen werden. Nur so können wir sie hinter uns lassen. Picasso spricht einmal von der »Gnade des Gehaltenseins« in der Angst des Loslassens. Das macht Mut, tiefer zu blicken und über die Ängste hinauszuwachsen. Das ist auch notwendig, weil Ängste unsere Entfaltungsmöglichkeiten und unsere Kreativität einschränken und Vorurteile begünstigen. »Wie psychologische Forschung vielfach gezeigt hat, geht Angst mit Genauigkeit, Kleinteiligkeit und Fehlervermeidung einher, nicht jedoch mit Offenheit, gedanklicher Weite und Mut für neue Ideen.«[1] Von Letzterem möchte ich in diesem Buch erzählen.

Aus aktuellem Anlass habe ich ein Kapitel zur Coronakrise hinzugefügt. Gerade in dieser Krise werden einige Gedanken, die ich in diesem Buch darstellen möchte, besonders anschaulich.

Ich verstehe mich in sämtlichen Themen dieses Buches nicht als abgehobener Experte, der Ihnen wie ein erleuchteter Meister meilenweit voraus ist. Vielmehr bin ich selbst Lernender, probiere aus, verwerfe und versuche neugierig etwas Anderes. Bei vielem, was ich schreibe, meine ich genauso mich selbst. Ich bin also genauso auf dem Weg wie Sie und die meisten anderen, die sich diesem Thema zuwenden. Gehen wir also zusammen, das macht sowieso viel mehr Freude!

Entscheidungen für etwas, bedeuten immer auch Verzicht auf etwas Anderes. Jedes Ja beinhaltet ein Nein. Das ist mitunter herausfordernd und schwer, es macht am Ende des Tages allerdings lebendig und zufrieden. Unsere Persönlichkeit entwickelt sich nämlich mit den Entscheidungen, die wir treffen. Sie machen uns und unser Leben einzigartig. Mit ihnen behauen wir den Stein, der somit mehr und mehr zu unserer persönlichen Lebenssklptur wird. So gewinnen wir letztendlich viel mehr, als wir zu verlieren meinen, wenn wir Dinge sein- oder loslassen.

Verzichten lernen beinhaltet, so paradox es klingen mag, das Versprechen von Gewinn. Auszusteigen aus der Hetze des Schneller, Weiter und Mehr, des Vergleichens und Hinterherjagens lässt Freiheit und Raum entstehen. Beides sind Grundbedingungen menschlichen Wachsens. Wenn wir uns gegenseitig dabei unterstützen, wird der Gewinn für alle größer werden. Das klingt fast nach einer kapitalistischen Maxime und geht doch gerade darüber weit hinaus.

Warum Verzichten etwas mit seelischer Gesundheit zu tun hat

> ... *dass deine Wahrheit langsam wachsen wird, denn sie ist Geburt eines Baumes und nicht glücklicher Fund einer Formel.*
> Antoine de Saint-Exupéry

Verzichten, das klingt zunächst einmal überhaupt nicht verlockend, vielleicht sogar abstoßend. Möglicherweise weckt das Wort ungute Assoziationen aus Kindheit und Jugend. Unter Umständen erinnert es sogar manche an die Kriegs- und Nachkriegszeit, die von Mangel und Verzicht gekennzeichnet war. Wozu soll das gut sein? Und was daran ist gesund?

Diese Fragen sind sehr verständlich. Haben wir doch oft genug die Erfahrung gemacht, dass wir etwas brauchen, um gesund zu werden, dass uns etwas fehlt, was es auszugleichen, zu ersetzen oder zu reparieren gilt.

Und dennoch mehren sich auf vielen Ebenen Hinweise und wissenschaftliche Erkenntnisse über den Gewinn des Lassens und Verzichtens. So hat in den vergangenen Jahren das Intervallfasten für Furore gesorgt. Es beruft sich auf verschiedene wissenschaftliche Erkenntnisse, die besagen, dass ein Nahrungsverzicht über eine Zeitspanne von vermutlich 14 bis 16 Stunden körpereigene Reparaturvorgänge anstößt, die die Körperabwehr stimulieren und Selbstheilungskräfte in Gang setzen. Dem Heilfasten wird schon lange eine solche Wirkung zugesprochen. Moderne wissenschaftliche Erkenntnisse scheinen dies zu bestätigen. Hier also tragen Verzicht und Weglassen zu einem Mehr an Gesundheit bei. Zumindest in Tierversuchen wurde belegt, dass eine kalorienreduzierte Lebensweise mit einer Lebensverlängerung einhergeht und dass hochgiftige Chemotherapien im Fastenmodus besser vertragen werden. Mittlerweile wird an der Charité in Berlin dazu auch über die Auswirkung auf den Menschen geforscht.

Lässt sich dies nun auch auf seelische Gesundheit übertragen?

Der 37-jährige Herr M. war als Entwicklungsingenieur einer großen deutschen Firma seit Jahren erfolgreich in verschiedenen Tätigkeitsfeldern aktiv gewesen. Seine Erfolge hatten dazu geführt, dass er auf der Karriereleiter schnell nach oben geklettert war. Die Erwartungen an ihn waren damit nicht kleiner geworden. Zunehmend hatte sich etabliert, dass lange vor dem Abschluss eines intensiven Projekts bereits ein neues angestoßen wurde. Hinweise an seinen Vorgesetzten, dass dies zeitlich nicht zu leisten sei, beantwortet dieser stets mit wohlwollendem Schulterklopfen und Sätzen wie: »Das schaffen Sie schon Herr M., Sie sind mein bestes Pferd im Stall, das wissen Sie doch!« Dies führte dazu, dass Herr M. sich mehr und mehr anstrengte, die tägliche Arbeitszeit längst bei zwölf Stunden und mehr angelangt war und er an den Wochenenden zu Hause am Computer weiterarbeitete. Zuletzt nahm er mit seiner Familie nur noch das Abendessen gemeinsam ein, um sich anschließend zu Hause in sein Büro zurückzuziehen und die Arbeit fortzusetzen.

Lange Jahre hatten ihm sportliche Ausgleichsaktivitäten gutgetan, auch hatte er an den Wochenenden mit seiner Familie und nicht zuletzt in Urlauben entspannen und abschalten können. Dies alles hatte längst aufgehört, ohne dass er es richtig bemerkt hatte. Auf Hinweise seiner Frau reagierte er zunehmend gereizt und verkroch sich immer mehr in die Arbeit.

Im Winter erlitt er einen fieberhaften grippalen Infekt. Da jedoch wieder einmal ein Projekt vor dem Abschluss stand, schleppte er sich wie gewohnt zur Arbeit. Später berichtete er, dass er sich bereits wie in einem Tunnel befunden hätte. Er könne sich nur noch daran erinnern, mit ausgeprägter Luftnot, Schweißausbrüchen, Herzrasen und Druck auf der Brust von einem Notarzt ins Krankenhaus gebracht worden zu sein. Einen Herzinfarkt konnte man ausschließen. Dennoch fühlte er sich derart schwach, dass er zunächst nicht entlassen werden konnte. Ein hinzugezogener Facharzt für psychosomatische Medizin diagnostizierte eine Panikattacke und ein schweres Burn-out-Syndrom. Herr M. wurde krankgeschrieben.

Im Rahmen des sich anschließenden Klinikaufenthaltes musste Herr M. feststellen, dass er sich in den zurückliegenden Jahren vollständig verausgabt und erschöpft hatte. Gleichzeitig hatte er den Kontakt zu seiner Familie und auch zu sich selbst verloren. Um den letztlich unerfüllbaren Vorgaben irgendwie gerecht zu werden, hatte er unermüdlich das Tempo erhöht. Wie ein Marathonläufer, der vergisst, während des Laufs ausreichend zu trinken und zwischen den Trainingseinheiten zu regenerieren, war er völlig erschöpft zusammengebrochen. Nun erkannte er in kleinen Schritten, dass es nicht immer um ein Mehr, sondern um ein Weniger an Aufgaben und beruflichen Herausforderungen gehen müsse, um gesundheitlich auf Dauer bestehen zu können. Dem »Ja, wird erledigt«, lernte er ein »Nein, nicht mit mir« entgegenzusetzen. Dies mündete schließlich in der Erkenntnis, den letzten Karriereschritt wieder rückgängig zu machen. Schon aus der Klinik heraus teilte er dies seinem Vorgesetzten mit.

Diese Fallgeschichte zeigt eindrucksvoll, was Millionen Menschen täglich erleben, wenn sie sich im Hamsterrad der Arbeitsverdichtung und unrealistischen Anforderungen befinden und die Lösung in einer fortgesetzten Beschleunigung vermuten. Oft schlägt dann irgendwann die Burn-out-Falle zu, vermeintlich plötzlich, bei genauerem Hinsehen mit vielen Vorzeichen. Dabei kann es sich um körperliche Vorzeichen von Erschöpfung handeln wie Schlafstörungen, unterschiedlichste Schmerzen und andere körperliche Beschwerden wie unbegründetes Herzrasen oder Schwitzen ohne körperliche Anstrengung und vieles mehr. Die Erholungsfähigkeit lässt nach, man erwacht morgens gerädert und sehnt sich am Montagmorgen bereits nach dem kommenden Freitag.

Die eigenen Gedanken kreisen häufig um Themen wie »Das schaffe ich nicht mehr« oder »Wie soll ich den Tag bloß überstehen?«. Zunehmend kann sich ein Überdruss gegenüber Kollegen oder in sozialen Berufen gegenüber den Hilfesuchenden entwickeln. Emotional geht der Schwung für die Aufgaben des Alltags verloren, schließlich auch für die Dinge, die man eigentlich gerne tut.

Man könnte die leidvolle Burn-out-Symptomatik als eine Krankheit des »Zuviel« beschreiben. Ein Ausweg liegt im Weniger. Die Analogie zu einem leer gefahrenen Tank beim Auto kann verdeutlichen, um was es geht: Man wundert sich zunächst, dass man schon wieder tanken muss und stellt dann bei genauerer Betrachtung fest, dass das erhöhte Tempo, das Vollgasfahren, den Tank logischerweise schneller zur Neige brachte. Jeder Autofahrer weiß, dass ein langsameres, umsichtiges, vorausschauendes Fahren spritsparender ist und damit die Reichweite erhöht.

Bei uns selbst verhält es sich durchaus ähnlich: Vollgasfahren erschöpft schneller! Nur sehen wir das in der Regel nicht so rasch und anschaulich wie durch die Tankanzeige beim Auto. Und doch: Die oben erwähnten Frühwarnzeichen könnten bei besserer Kenntnis helfen, rechtzeitig gegenzusteuern. Beim Auto leuchtet das unmittelbar ein, bei uns selbst anscheinend nicht. Ich behaupte, dass die meisten Menschen mit ihrem Auto pfleglicher umgehen als mit sich selbst. Und das, obwohl ein Auto viel leichter zu ersetzen ist.

Das hat sicherlich auch damit zu tun, dass Leistung in unserer Gesellschaft einen extrem hohen Stellenwert hat. Schon im Kindergarten beginnt für nicht wenige Eltern die Vorbereitung auf die spätere Karriere. Der Druck setzt sich in der Schule und dem Studium fort – mit spürbaren Folgen: einer Zunahme von Burn-out und anderen seelischen Erkrankungen in dieser frühen Lebensspanne. Das ist in doppelter Weise bedeutsam. Es beeinträchtigt die Entwicklung in jungen Jahren leidvoll und erhöht die Wahrscheinlichkeit für wiederholte seelische Krisen und Erkrankungen im weiteren Leben.

Der frühe Leistungsdruck spiegelt sich allerdings auch in einer einseitigen Priorisierung von sogenannten Kernkompetenzen wider, die immer weniger Zeit für die vermeintlich unbedeutenden musisch-künstlerischen und sportlichen Fächer lässt. Das gilt für die Schule und die Freizeit. Diese Schwerpunktsetzung ist fatal, weil sie einerseits durch das Wegfallen von Sport- und Bewegungsangeboten den Zivilisationskrankheiten schon früh die Türe öffnet, andererseits die Entwicklungs- und Reifungsmöglichkeiten unseres Gehirns durch Einseitigkeit beschneidet. Denn es ist heute wissenschaftlich gut belegt, dass Bewegung und künstlerisch-musische Betätigung unserem Gehirn beim Reifen und Regenerieren helfen und somit das Lernen erleichtern.[2] Und so kommt es zu dem verrückten Paradoxon, dass die einseitige Verlagerung der Unterrichtsinhalte auf Wissensvermittlung in den vermeintlichen Kernkompetenzen genau diesen Wissenszuwachs behindert.

Das »Lassen« durch ein bewusstes Weniger auf unterschiedlichen Ebenen wird zu einem wichtigen Ausweg aus der Krise. Zu ihm gehört auch das Nein-Sagen, ohne das ein Lassen nicht geht. Dass dies meist ein Ja zu mir selbst bedeutet, wird oft erst im Laufe eines inneren Prozesses deutlich, der nicht nur einfach ist. Dieses Ja zu mir selbst bedeutet einen Abschied von Perfektion und Selbstoptimierungszwang, unter dem viele Menschen zunehmend leiden. Im Vergleich mit anderen scheint immer etwas unzureichend und verbesserungswürdig. Hier liegt eine Triebfeder für die beschriebene Dynamik von schneller, höher, weiter, besser, erfolgreicher.

Die gegenwärtig an Fahrt gewinnende Klimadebatte sowie der extreme Ressourcenverbrauch der Menschheit machen auch global deutlich, dass wir, unsere Nachkommen, die Menschheit als Ganzes nur eine Chance haben werden zu überleben, wenn uns ein Weniger gelingt. Dass dies nicht mit einer miesepetrigen Stimmung einhergehen muss, sondern durchaus von Freude und Dankbarkeit geprägt sein kann, davon möchte ich in diesem Buch berichten.

Darf's auch ein bisschen weniger sein? Vielleicht werden Sie am Ende der Lektüre dieses Buches darauf mit Ja antworten, aus freien Stücken und mit einem guten Gefühl. Das wünsche ich Ihnen und uns als menschliche Gemeinschaft! Übrigens sind Sie längst nicht mehr alleine mit diesem Thema. Vielmehr entwickelt sich spätestens seit der weltweiten Bewegung von Fridays for Future eine neue Sichtweise auf ein eigentlich uraltes Erfahrungswissen. Aus der Angst, etwas zu verpassen und abgehängt zu werden und deswegen zu konsumieren und hinterherzujagen (FOMO = Fear of missing out), entwickelt sich mehr und mehr die Lust am Lassen (JOMO = Joy of missing out)! Lassen Sie uns dabei sein und gemeinsam neue Erfahrungen machen mit diesem lebendigen und lebensverlängernden Elixier!

Ist Hans ein Loser oder ein Held?
Was wir von Hans im Glück lernen können

> *Ich glaube, es kommt nicht so sehr darauf an,*
> *was wir sehen können, sondern vielmehr darauf,*
> *wofür wir unseren Blick öffnen.*
> Ralf Isau, Der silberne Sinn

Hans hatte sieben Jahre bei seinen Herren gedient. Vermutlich handelte es sich um die vereinbarte Zeit, vielleicht die seiner Ausbildung, darüber jedenfalls spricht das Märchen nicht. Sein Meister dankt ihm und entlässt ihn mit einem Stück Gold als Lohn, ein Zeichen dafür, dass Hans rechtschaffen und schwer gearbeitet hatte. Glücklich packt Hans den Goldklumpen in ein Tuch und macht sich auf den Heimweg zu seiner Mutter. Da dieser Goldklumpen offensichtlich ordentlich groß ist, beginnt er ihn schon bald zu drücken, was offensichtlich ein herannahender Reiter bemerkt. Für diesen scheint es ein Leichtes zu sein, Hans von einem Tausch »Gold gegen Pferd« zu überzeugen. Hans willigt überglücklich und dankbar in diesen Tausch ein und schwingt sich auf das Pferd, um seine Reise fortzusetzen.

Zunächst fühlt Hans sich vom Glück begünstigt und so lässt er das Pferd bald schneller reiten. Da er jedoch des Reitens unvertraut ist, fällt er rasch vom Pferd und landet unwirsch in einem Graben. Dies sieht zufällig ein herannahender Bauer, der eine Kuh vor sich hertreibt. Da Hans nach dieser Erfahrung keinesfalls wieder das Pferd besteigen möchte, willigt er in einen erneuten Tausch »Pferd gegen Kuh« unverzüglich und freudestrahlend ein. Hans hatte diesen Tausch auch unter der Vorstellung vollzogen, dass er seine Kuh jederzeit melken könne, um damit seinen Durst zu stillen. Als er dies jedoch im ersten Anlauf nicht zustande bringt, sondern vielmehr noch einen Tritt kassiert, ist er wiederum heilfroh, dass ein weiterer Bauer bereit ist, die Kuh gegen ein Schwein zu tauschen.

Wenig später begegnet Hans einem jungen Mann mit einer gemästeten Gans. Sie kommen ins Gespräch und Hans erzählt freimütig von seinen glücklichen Tauschgeschäften. Listig erfindet der junge Mann die Geschichte eines entlaufenen Schweins im Nachbardorf und bietet großzügig seine Hilfe an, die darin besteht, das Schwein gegen seine Gans zu tauschen. Hans, wie könnte es anders sein, willigt erneut dankbar und freudestrahlend ein und setzt seine Wanderschaft nun mit der Gans fort. Er gelangt in ein Dorf und trifft auf einen munteren Schleifer, der ihn schon bald davon überzeugt hat, dass das Handwerk des Scherenschleifens eines der auskömmlichsten ist. Es kommt wie es kommen muss, Hans und der Schleifer tauschen Gans gegen Wetzstein. Auch dieser Stein ist nicht leicht und so ruht sich Hans schließlich bei nächster Gelegenheit an einem Brunnen aus. Als er den Wetzstein am Brunnenrand ablegt, um sich zum Trinken herabzubeugen, fällt ihm der Stein in die Tiefe des Brunnens. Als Hans dies bemerkt, springt er vor Freude auf, kniet sich nieder und dankt seinem Gott unter Tränen, dass er ihm diese Gnade erwiesen hat, ihn von einem schweren Stein zu befreien. Laut ruft er aus: »So glücklich wie ich gibt es keinen Menschen unter der Sonne, ich muss in einer Glückshaut geboren sein.« Mit leichtem Herzen und frei von aller Last setzt er den Weg zu seiner Mutter nach Hause fort.

Was für ein Märchen! Es bricht mit allem, was man üblicherweise von Märchen erwartet. Kein verwunschener Prinz wird wachgeküsst, kein Dornröschen befreit aus hundertjährigem Schlaf, kein Wolf getötet und in den Brunnen geworfen. Vielmehr scheint es die Geschichte eines Tölpels und Antihelden zu sein, eines Versagers auf der ganzen Linie. Wie soll man sich an solch einem Typen ein Beispiel nehmen?

Und doch hatten die Gebrüder Grimm offensichtlich gute Gründe, auch dieses Märchen in den Kanon ihrer berühmten Sammlung aufzunehmen und es auch noch Hans im Glück zu nennen. Ich vermute, dass die Frage, was denn das für ein Glück sein soll, nicht nur aus der heutigen Perspektive, sondern schon zu Zeiten der Gebrüder Grimm eine war, die zum Nachdenken Anlass gab. Wenn es etwas gibt, was Hans kann und offensichtlich als Glück empfindet, dann ist es das Lassen, das Verzichten. Ganz offensichtlich spürt er einen Zugewinn an Freiheit, je mehr er sich von all dem, was er hat, trennt.

Hans nimmt damit bereits Ansätze der Sharing Economy vorweg, die darauf verweist, dass man etwas tauschen kann, wenn man es braucht, und es nicht selbst anschaffen muss. Dies scheint uns heute fremd, aber wir können es uns neu bewusst machen und es ausprobieren.

»Die Kunst des Lassens, Loslassens und Seinlassens zu praktizieren, bedeutet, die vielen verschiedenen Formen des Festhaltens aufzugeben: Festhalten von Ereignissen, die vergangen sind; Festhalten von Plänen für etwas, das zukünftig sein soll; Festhalten von Kränkungen und Enttäuschungen; Festhalten von Erwartungen, Meinungen oder auch von Dingen, die das Leben nicht mehr bereichern, sondern nur Raum einnehmen und einengen: Hausrat, Möbel, Kleidung, Bücher ... Loslassen ist ein inneres Verabschieden. Es ist etwas, das wir lernen müssen: Reflexhaftes Anklammern ist etwas, das wir von Natur aus können. Loslassen – vor allem als eigene Entscheidung und nicht, weil das Schicksal uns dazu nötigt – müssen wir erst lernen. Helfen kann dabei das Staunen über die Verwandlungskraft der Natur, die ein Gegengewicht zum ängstlichen Festhalten am Gewohnten und Vertrauten ist.«[3] Hans, so scheint es, hat das begriffen und umgesetzt, was Brigitte Dorst hier als eine Kunst beschreibt. Er lässt ohne Murren los und fühlt sich dabei zunehmend freier. Er entscheidet sich aus freien Stücken dazu, indem er die sich dafür bietenden Gelegenheiten nutzt. Hans' Glücksrezept ist das Lassen, das Sich-Befreien von Ballast. Interessant, dass er das als Ballast empfindet, was die meisten als Quelle des Glücks beschreiben würden.

Dass Geld (alleine) nicht glücklich macht, ist längst bekannt. Dass damit nicht gemeint ist, dass es ohne Besitz leichter und einfacher im Leben wäre, ist natürlich genauso klar. Das Märchen hat allerdings das Potenzial, die eigenen Werte abzuklopfen und sich damit auseinanderzusetzen, was für einen persönlich wirklich wichtig ist. Das kann zum Beispiel bedeuten, den nächsten Karriereschritt kritisch zu hinterfragen oder die Arbeitszeit zugunsten freier Zeit zu reduzieren, auch wenn das mit finanziellen Einbußen einhergeht.

Es geht im Leben häufig um die immateriellen Dinge, an denen wir hängen bleiben und die dadurch viel Energie ziehen: alte Kränkungen und Enttäuschungen, Erwartungen an andere, an das Leben und auch an mich selbst, die, warum auch immer, nicht in Erfüllung gingen. Viele Beziehungen scheitern, weil über Verletzungen nicht gesprochen wird, weil man erwartet, der andere solle den ersten Schritt tun, das sei doch das Mindeste. Dieses Festhalten entfaltet manchmal ein tödliches Gift. Aus der Resilienzforschung allerdings ist schon lange bekannt, dass das Verlassen der Opferrolle mit einem deutlichen Zugewinn an seelischer Gesundheit einhergeht. Wem es gelingt, aus diesem Kreislauf unguter, kräfteraubender Gefühle auszusteigen, wird oft eine Entlastung, eine Befreiung von altem Ballast erleben. Und auf einmal erscheint die Haltung von Hans tatsächlich ein Glücksrezept zu sein.

Haben Sie schon einmal die Erfahrung gemacht, sich in die Sichtweise des Gegenübers einzufühlen und in Betracht zu ziehen, dass dessen Meinung genauso zutreffend sein könnte wie die eigene? Was wäre, wenn er oder sie recht hätte? Was würde sich dadurch verändern? Könnte ich dabei etwas gewinnen? Aus der Hirnforschung wissen wir, dass wenige Inputs von außen zu Millionen Verschaltungen im eigenen Gehirn führen. Mit anderen Worten: Wahrnehmung ist immer höchst subjektiv und von unseren unzähligen bewussten und meist unbewussten Vorerfahrungen abhängig. Sie ist also keineswegs objektiv und deswegen nicht unfehlbar! Es kann sehr befreiend sein, der eigenen Meinung gegenüber immer mal wieder skeptisch zu sein.

Manchmal passiert Loslassen im vermeintlichen Scheitern und somit sicherlich nicht freiwillig. Der tiefe Fall des ehemaligen Bertelsmann- und Arcandor-Chefs Thomas Middelhoff, der 2014 wegen Steuerhinterziehung und Untreue verurteilt wurde, erzählt davon. Er saß deswegen 24 Monate im Gefängnis. 2017 wurde Middelhoff vorzeitig aus der Haft entlassen. Privatjet, Villen und die Motoryacht, das dreistellige Millionenvermögen – alles weg. Er bekennt sich zu narzisstischen Zügen in seiner Persönlichkeit, er habe um die Aufmerksamkeit der Medien gebuhlt und wollte immer noch bekannter und präsenter sein. Deswegen habe er alles verloren.

Als Wendepunkt beschreibt er seine Arbeit in einer Behindertenwerkstatt als Freigänger während seiner Haft. Es habe ihn glücklich gemacht, etwas Gutes und Sinnvolles zu tun und mit diesen Menschen frohe Momente zu erleben, in denen Geld überhaupt keine Rolle spielte. Heute wünscht er sich, dass alle Manager ein paar Wochen oder besser Monate soziale Arbeit im Rahmen ihrer Ausbildung leisten sollen. Als weiteren entscheidenden Schritt seines Umdenkens in dieser Zeit beschreibt er seine Bekehrung zum christlichen Glauben. Er habe darauf vertrauen gelernt, dass Gott ihn halte, egal was passiert. Bei all dem habe er Demut gelernt und die Verantwortung für sein Scheitern übernommen.[4]

Ob Middelhoff tatsächlich ein Gescheiterter ist? Ich wage das zu bezweifeln. Er hat gefunden, was mit Geld nicht aufzuwiegen ist: Zufriedenheit und (spirituelle) Verbundenheit.

Eine ähnliche Erfahrung machte Mitte der Neunzigerjahre auch der Liedermacher und Schriftsteller Konstantin Wecker. Durch seinen exzessiven Drogenkonsum ruinierte er sich nicht nur körperlich, er verlor auch so gut wie alles, was er bis dahin besaß. Er machte eine ähnliche Erfahrung wie Middelhoff, begann intensiv zu meditieren und entwickelte eine Spiritualität, die bis heute auch bei seinen Konzerten spürbar und erlebbar ist. Wecker hat sich unter anderem in seinen Büchern *Die Kunst des Scheiterns* und *Das ganze schrecklich schöne Leben* öffentlich zu diesem Lebensabschnitt bekannt. Er ist davon überzeugt, »dass die Vergangenheit auch in der Gegenwart liegt«. Eine buddhistische Erkenntnis, aus der folgt, »dass wir die Vergangenheit ändern können, indem wir die Gegenwart verwandeln.«[5] So gesehen gibt es vielleicht gar kein Scheitern.

Noch einmal zurück zu Hans. Mir scheint wichtig zu sein, dass Hans auf einer ganz bestimmten Reise ist, nämlich auf dem Weg zurück zu seiner geliebten Mutter. Wollte man dies als ödipale Verstrickung eines längst erwachsenen Mannes deuten, würde man das Märchen gänzlich missverstehen. Vielmehr scheint es Hans um einen derart tiefen inneren Wert zu gehen, der alles Äußerliche, und sei es Gold und Geld, nebensächlich erscheinen lässt. Hans setzt auf Verbundenheit, Zugehörigkeit und Liebe. Damit fokussiert er auf das, was zahlreiche wissenschaftliche Studien als den wichtigsten Grundpfeiler für Lebenszufriedenheit und Glück identifizieren: Gelingende Bindungserfahrungen und glückende menschliche Beziehungen. So die Ergebnisse der Grant and Glueck Study der Harvard Medical School.

Die Studie ist schon deswegen beachtenswert, weil sie seit 1938 Menschen nach dem befragt, was sie wirklich glücklich und zufrieden macht. Dafür werden diese Menschen zum Teil durch ihr ganzes Leben begleitet und immer wieder befragt. Nicht Karrieren, Erfolge, Geld und Ruhm stellen sich als das Glückselixier heraus, sondern gelingende Beziehungen. Middelhoff bestätigt in dem zitierten Interview, dass seine Beziehung zu seiner geschiedenen Frau und seinen Kindern heute besser sei als zu den Zeiten seines vermeintlichen Erfolgs.

Hans wusste dies intuitiv und seine Geschichte will uns auf eine bestimmte Weise wachrütteln und ermutigen, auf das zu setzen, was im Leben wirklich zählt. So möchte ich Sie einladen, sich mit den Fragen nach Zugehörigkeit und Liebe eingehend zu beschäftigen.

Wie fühlt sich das an, geliebt zu sein und zu lieben? Wo im Körper spüren Sie das? Wann haben Sie es zuletzt erlebt? Was hat Sie Ihr Leben bisher über die Liebe gelehrt? Welche beglückenden Erfahrungen haben Sie dabei gemacht? Sind Sie dabei auch in eine spirituelle Dimension vorgestoßen? Und vielleicht geht es Ihnen so wie vielen Menschen, dass Sie Liebeslieder und Liebesgedichte besonders mögen. Wenn ja, welche sind das?

I. Worauf wir verzichten können

Wenn das Glas voll ist, passt nichts mehr hinein
Verzicht auf (noch) mehr

Wo man nehmen will, muss man geben.
Laotse

Ein Professor der Philosophie aus einem westlichen Land reiste einmal nach Asien. Er traf spannende Menschen und Gelehrte. Er stellte ihnen viele Fragen. Fragen nach Meditation und Gott, nach dem Sinn des Lebens und der Unendlichkeit. Doch er fand keine Antworten. Eines Tages wanderte der Professor immer weiter hoch in die Berge. Plötzlich stand er vor dem einfachen Haus eines Zen-Meisters.

Dieser lud den westlichen Mann zu sich ein. Der Professor sprudelte nur so vor Fragen und Wissensdurst. Er zählte dem Meister seine akademischen Titel auf und klagte ihm seine Verzweiflung über all die nicht beantworteten Fragen im Leben.

Der Meister schwieg. Dann sagte er: »Ich mache dir einen Tee.« Ungeduldig wartete der Professor, bis der Meister mit einer Tasse zurückkehrte. Tee trinken?, fragte sich der weit gereiste Gast insgeheim. Ich bin doch gekommen, um Antworten zu bekommen. Ob diese Reise wohl umsonst war? Gedanken schwirrten durch seinen Kopf und als er gerade aufstehen wollte, kehrte der Zen-Meister mit einer Kanne frisch aufgebrühten Tees und einer Tasse zurück. Eine Tasse Tee nach der langen Reise schadet ja nicht, bevor ich gehe, dachte sich der Professor und blieb.

Der alte Mann begann einzuschenken. Der dampfende Tee lief in die Tasse. Immer weiter und weiter. Auch als die Tasse längst voll war und sich das heiße Getränk über den Rand auf die Untertasse ergoss, hörte er nicht auf zu gießen. Erschrocken sprang der Professor von seinem Stuhl auf. »Halt! Genug!«, rief er. »Die Tasse ist doch voll! Sehen Sie das nicht?«

Da hielt der Meister inne und schaute seinem Gast zum ersten Mal ins Gesicht. Seine faltigen Augen umspielte ein Lächeln. Plötzlich sah der Mann gar nicht mehr so gebrechlich aus. Weisheit und Lebenserfahrung strahlte jede Faser seines Körpers aus.

»Genauso wie mit dieser Tasse, ist es auch mit dir«, sprach der Meister ruhig. »Du bist vollgefüllt. Mit Fragen, mit Wissen, mit Vorurteilen. Wie kann ich dir da noch Antworten geben, wenn kein Platz mehr ist? Erst wenn du deine Tasse leerst, hast du wieder Platz. Für Neues, für Einsichten, für Antworten.«[6]

Als ich Herrn W. das erste Mal bei der Visite kennenlernte, dachte ich sofort: Was für ein sympathischer Mensch, der mich gleich so anstrahlt, was wird dem wohl fehlen? Als ich ihn darauf ansprach, berichtete er mir, dass das genau sein Problem sei. Immer habe er anderen geholfen, sei es beim Hausbau, bei der Arbeit oder in der Familie, er habe das gerne gemacht und gar nicht bemerkt, wie er sich selbst dabei im Laufe der Zeit aus den Augen verloren habe. Als er dann eines Tages im Rahmen von Umstrukturierungen seiner Firma die Kündigung erhalten habe, sei für ihn die Welt zusammengebrochen. Wie vom Donner gerührt sei auf einmal sämtliche Energie aus ihm gewichen, er habe sich zu nichts mehr motivieren können, nicht einmal zu an sich freudvollen Dingen. Er habe sich zurückgezogen, auch weil er sich geschämt habe. Auch sei er von seinen Freunden und Bekannten enttäuscht gewesen, die sich so gar nicht um ihn, der sonst so hilfsbereit war, gekümmert hätten. Das Gefühl von völliger Erschöpfung und Niedergestimmtheit sei auch jetzt, zwölf Monate nach der Kündigung, noch nicht ganz gewichen.

Ich spreche ihn nochmals auf sein strahlendes Auftreten an und teile ihm mit, dass man all das bei ihm ja gar nicht vermuten würde. Nachdenklich fragt er nach, ob andere vielleicht dadurch seine Bedürfnisse gar nicht wahrnehmen würden und er auch deswegen keine Unterstützung erfahre. Diese Gedanken sind der Beginn einer intensiveren Auseinandersetzung mit seinem Auftreten, dem Wahrnehmen und auch Äußern der eigenen Bedürfnisse. Herr W. merkt dabei mehr und mehr, dass er durch sein permanentes Engagement für andere bis zum Rande, bis zur Erschöpfung, voll war. Und er äußerte den Wunsch, daran etwas zu verändern.

In den folgenden Gesprächen beschäftigen wir uns zunächst mit den guten Gründen für dieses Überengagement. Denn wir eignen uns kein Verhalten ohne Grund an. Herr W. erkennt rasch, dass er durch seine Art immer viel Anerkennung erhalten habe. Schon in seiner Kindheit und Jugend sei das so gewesen, das habe ihn gefreut und sein Verhalten bestärkt. Ich erkläre ihm, dass daran nichts verkehrt sei. Dass wir uns allerdings Gedanken darüber machen sollten, woher denn bei einer Verhaltensänderung in Zukunft Anerkennung und Wertschätzung kämen.

Schließlich stoßen wir auf die Frage von Selbstwert und Selbstmitgefühl. Herr W. bemerkt, dass er sich selbst gegenüber meist kritischer sei, als andere ihn beurteilen würden. Mit sich selbst sei er eigentlich nie oder nur kurz und vorübergehend zufrieden. Daraus ergibt sich eine Aufgabe, die ich ihm ans Herz lege: Schreiben Sie jeden Tag wenigstens eine Sache auf, die Sie an sich mögen, und finden Sie etwas, womit Sie bei sich selbst zufrieden sind. Als Fortgeschrittenenübung beginnen Sie in einem weiteren Schritt danach Ausschau zu halten, worauf Sie bei sich selbst stolz sind.

Um etwas zu verändern, muss ich zunächst bemerken, dass das Glas voll ist beziehungsweise die Teetasse wie in unserer Zen-Geschichte überläuft. Der eigene Körper kann uns dabei helfen, er gibt meist ein recht gutes Feedback. Schlafstörungen, Unwohlsein, unerklärbare Schmerzen an unterschiedlichsten Stellen des Körpers, grundloses Schwitzen, Herzrasen, Appetitverlust oder unkontrolliertes Essen können Hinweise dafür sein, dass etwas nicht stimmt. Auch Gedanken von Überforderung, Fluchttendenzen aus Beziehungen oder innere Kündigung bei der Arbeit sind Warnzeichen. Und natürlich auch zunehmende Erschöpfung verbunden mit mangelnder Erholungsfähigkeit. Herr W. bestätigte mir im Laufe unserer Gespräche eine Menge der genannten Symptome. Er hatte sie nur nicht ernst genommen.

Männer tun sich damit leider immer noch viel schwerer als Frauen. Sie meinen, um jeden Preis durchhalten zu müssen und verbuchen es als Schwäche, sich Hilfe zu holen. Das Gegenteil ist der Fall: Unterstützung annehmen können, zeugt von Kompetenz und Stärke.

Wir sind den beschriebenen »Völlegefühlen« keineswegs hilflos ausgeliefert. Welche Möglichkeiten der Gegenregulation es gibt, zeigen die folgenden Kapitel.

Damit ich etwas Neues aufnehmen kann, braucht es Platz. Das gilt für Körper, Geist und Seele. Was für den Körper am Beispiel der Ernährung zutrifft, ist auch auf Seele und Geist übertragbar. Die letzte Mahlzeit muss erst verdaut sein, damit die nächste vom Körper aufgenommen werden kann. Neue Impulse und Anregungen brauchen genauso Zeit, um sich zu setzen, und Multitasking verschlechtert erwiesenermaßen unsere Gehirnleistung. Und jeder Leistungssportler weiß, dass er nach einem intensiven Trainingsreiz regenerieren muss, um sich nicht in eine Leistungsverschlechterung hinein zu trainieren. Ein- und

Ausatmen sind von jeher die natürlichen Taktgeber des Lebens. Nur einzuatmen, funktioniert nicht nur nicht, es ist auch mit dem Leben nicht vereinbar. Der Körper braucht nicht nur Sauerstoff, er muss auch das Kohlendioxid loswerden. Ohne die körperlichen Ausscheidungsprozesse kommen die Organfunktionen rasch zum Erliegen.

In die gleiche Richtung weisen aktuelle Erkenntnisse der Ernährungs- und Fastenforschung. Während über die gesamte Entwicklungsgeschichte der Menschheit seit zwei- bis dreihunderttausend Jahren mehr oder weniger lange Essenspausen unfreiwillig die natürliche Regel waren, nehmen wir heute sieben bis neun und manchmal noch mehr Mahlzeiten inklusive aller Snacks und Knabbereien pro Tag zu uns. Die Konsequenzen sind schon heute sichtbar: eine enorme Zunahme der sogenannten Zivilisationskrankheiten.

Wenn wir unseren Körper bei der Ernährung nicht mehr in Ruhe lassen, gerät er nicht nur aus dem Takt, sondern reagiert mit einer Stressantwort, die sich in einer messbaren Erhöhung von Entzündungsparametern abbildet. Das Gegenteil geschieht in Fastenintervallen, die vermutlich zwischen 14 bis 16 Stunden liegen müssen: Körperzellen bauen schadhafte Zellbestandteile ab und recyceln sie wieder. Dieser geniale Mechanismus heißt Autophagie. Für seine Entdeckung erhielt der Japaner Yoshinori Ohsumi im Jahr 2016 den Medizin-Nobelpreis.[7]

Es gehört zu unserem evolutionsbiologischen Erbe zwischen den Mahlzeiten nichts zu essen. Intuitiv wussten das auch noch unsere Eltern. Erst in den letzten 30 bis 40 Jahren hat sich daran etwas grundlegend geändert. Vergleicht man die Gesamtzeit der Menschheitsgeschichte, dann entspricht dies ungefähr der letzten Sekunde von 24 Stunden. Unser Genom (die genetische Grundausstattung) und vor allem unser Mikrobiom (die mit uns in engster Wechselwirkung lebenden Darmbewohner – Bakterien, Viren, Pilze und Einzeller) werden sich so schnell nicht auf diese Veränderungen einstellen, mit Sicherheit nicht zu unseren Lebzeiten.

Das müssen wir schon selbst tun, wenn wir aktiv zu mehr Gesundheit beitragen wollen, und zwar in umgekehrte Richtung, sozusagen zurück zu unseren (evolutionsbiologischen) Wurzeln.

Es braucht also Raum und Zeit, damit Bestehendes verdaut und integriert werden kann und damit Neues seinen Platz findet und sich entwickeln kann. Wir existieren überhaupt nur, weil es Raum gibt – in mir und um mich herum. Körper, Seele und Geist brauchen diesen Raum, sonst droht Krankheit. In der gegenwärtigen Welt, in der alles jederzeit verfügbar ist, müssen wir aktiv für diesen Raum sorgen. Von selbst entsteht er nicht. Körperlich führt Raumnot zum Beispiel zu Völlegefühlen, Verstopfung, Anhäufen von Giftstoffen oder Atemnot. Seelisch drohen Erschöpfung und Ausbrennen, die zu Burn-out, Ängsten und Depressionen führen können. Geistig-mental zeigen sich grübelndes Auf-der-Stelle-Treten, innere Kündigung und paradoxerweise trotz aller Fülle auch Leere- und Sinnlosigkeitsgefühle.

So formuliert Pierre Stutz treffend: »Wir brauchen Leer-Räume, um nicht gelebt zu werden, sondern voll Hoffnung und Widerstandskraft uns dem Leben in seiner ganzen Faszination und Widersprüchlichkeit stellen zu können. Wir brauchen Schweige-Räume, um Distanz zu schaffen zu den Ereignissen: die Augen schließen, um klarer zu sehen.«[8] Das klingt wie ein Rezept gegen das Zuviel der westlichen Welt, in der wir alle leben. Gegen das Völlegefühl empfiehlt Stutz Leer-Räume, die es uns dann ermöglichen, wieder mit frischem Blick und neuem Mut zurückzukehren in unseren jeweiligen Alltag. Das ist das Gegenteil von Weltflucht. Es ist Lebens-Zugewandtheit, die durch das zwischenzeitliche Weniger, durch Pause und Rückzug immer wieder neu entsteht. Verzicht ist, so verstanden, keine radikale Abkehr von der Welt, sondern viel eher eine radikale Hinwendung zu ihr – mit einem klareren Blick!

Welcher Verzicht hat Sie in letzter Zeit glücklich gemacht? Wann haben Sie das bemerkt: unmittelbar oder zeitversetzt? Kennen Sie Leer-Räume in Ihrem Leben? Wie oft nutzen Sie sie? Was hindert Sie eventuell daran, diese Räume zu nutzen und sich Zeit für das Weniger zu nehmen?

Lieber ankommen als hinterherjagen
Verzicht auf Vergleich und Selbstoptimierung

> *Es gibt Wichtigeres im Leben,*
> *als beständig seine Geschwindigkeit*
> *zu erhöhen.*
> Mahatma Gandhi

In einem eindrucksvollen, nachdenklich stimmenden Experiment mit zwei Kapuzineraffen geht es um Folgendes: Zwei Affen stehen in zwei getrennten Käfigen mit Sichtkontakt nebeneinander. Sie werden für ihr Verhalten mit Gurkenstücken belohnt, die sie normalerweise sehr mögen. Immer wenn sie der Versuchsleiterin etwas aus dem Käfig herausreichen, erhalten sie ein Gurkenstück zur Belohnung. So weit so gut und unauffällig. Doch im Laufe des Experimentes verändert die Versuchsleiterin das Vorgehen, indem sie einem Affen weiterhin Gurkenstücke reicht, während der andere Affe Trauben erhält. Es dauert nur Sekunden, bis der vermeintlich benachteiligte Affe die Ungerechtigkeit wahrnimmt. Ungläubig rüttelt er an den Stäben des Käfigs. Obwohl er nach wie vor seine leckeren Gurkenstückchen erhält, verschmäht er diese nun. Im Gegenteil, er beginnt damit, wahllos Gegenstände aus dem Käfig zu schmeißen, gerät dabei sichtlich immer mehr in Rage und führt sich auf wie ein trotziges Kind.

Dieses eindrucksvolle Experiment lässt sich auf YouTube finden. Was zunächst belustigend erscheint, entpuppt sich bei näherem Hinschauen als ein sehr bekanntes Phänomen, das uns allen alles andere als fremd ist. Wir vergleichen uns um Kopf und Kragen, oder zumindest verbannen wir Glück und Zufriedenheit aus unserem Leben, wenn wir die Brille des Vergleichens aufsetzen.

Heben wir das Ganze auf eine typisch menschliche Alltagsebene. Vielleicht haben wir gerade einen zehntägigen Urlaub in den Bergen gebucht, wir freuen uns auf eine erholsame Zeit fernab von Alltagshektik und Lärm. In dieser Stimmung erzählen wir unserem Nachbarn von der bevorstehenden Reise. Dieser lächelt anteilnehmend und berichtet in gleichem Atemzug, dass er demnächst auch für drei Wochen auf die Kanaren verreise. Schlagartig kippt die eben noch vorhandene Vorfreude ins Gegenteil. Sie beginnen darüber nachzudenken, warum ihr Nachbar schon wieder drei Wochen frei hat und dann auch noch das Geld, um auf die Kanaren zu fliegen. War er nicht erst kürzlich zwei Wochen im Urlaub? Das ist ja wohl eine ziemliche Ungerechtigkeit, dass jemand so viel Urlaub hat und dann auch noch derartige Reisen unternehmen kann.

Und so geschieht innerhalb kurzer Zeit etwas sehr Ähnliches wie mit dem Kapuzineraffen in dem beschriebenen Experiment. Der Vergleich mit jemandem, der vermeintlich mehr hat, vermiest uns die Stimmung, im schlimmsten Fall sogar den Urlaub, im allerschlimmsten das ganze Leben. Und das, obwohl wir bereits zufrieden waren. Interessant ist nur, dass all dies nicht durch äußere Einflüsse, sondern durch innere Bewertungen geschehen ist. Dieses »Aufwärtsvergleichen« bietet nicht nur den Stoff für schlechte Träume, sondern auch für ein unzufriedenes Leben. Es hat das Zeug, uns zu einem »Mehr« anzutreiben, damit wir auch die Trauben bekommen, die der andere gerade isst.

Vielleicht halten wir mit diesem Ziel vor Augen nach weiteren Möglichkeiten des Geldverdienens Ausschau und streben rasche Karriereschritte an, die in der Regel mit einem Mehr an Arbeitszeit und einem Weniger an Freizeit und Erholung verbunden sind. Aber auch der Wunsch nach mehr Geltung und Anerkennung kann dieselbe Tretmühle aktivieren. Beides kostet Kraft und bindet Energie. Die allerdings stehen uns nicht unbegrenzt zur Verfügung, auch wenn wir gerade das oft ausblenden. Das Leben ist endlich. Wie will ich am Ende auf mein Leben zurückschauen?

Übrigens zeigen Untersuchungen zur weltweiten Lebenszufriedenheit, dass diese zwar vom Einkommen abhängt, aber nicht unendlich steigerbar ist. So hat sich in der westlichen Welt seit den 1980er-Jahren trotz eines weiteren Anstiegs des Bruttoinlandsprodukts, mit anderen Worten des Reichtums, die Lebenszufriedenheit nicht verändert. Mehr Geld und Besitz machen also keinesfalls glücklicher! Vielleicht lässt das die nächste Anschaffung in einem anderen Licht erscheinen. Der Homo Oeconomicus ist eine Erfindung der Wirtschaft. Es gibt zahlreiche psychologische Untersuchungen, die belegen, dass wir Menschen gerne mit anderen teilen, dass für uns Gerechtigkeit ein wichtiger Wert ist, dass wir von Natur aus hilfsbereit sind und dass deswegen ehrenamtliches Engagement für andere zufrieden macht.

Materielle Belohnung allerdings verdirbt tatsächlich unseren Charakter. Sie stimuliert unser Belohnungssystem, das dann rasch nach mehr verlangt. Wurden Kleinkinder in einem Experiment für ihre zunächst selbstlose Hilfsbereitschaft mit materiellen Dingen entlohnt, verlangten sie auch beim nächsten Mal diese Gegenleistung für ihre Hilfe. Das wirft ein brisantes Licht auf unser Wirtschaftssystem.

Auf das gleiche Phänomen stoßen wir in all den Bereichen des Lebens, die sich um Selbstoptimierung drehen, hiervon leben zahlreiche Werbebranchen und Influencer in den sogenannten sozialen Medien. Die besorgniserregende Zunahme an Schönheitsoperationen, die mittlerweile sogar von den Schönheitschirurgen selbst als kritisch angesehen werden, ist ein erschreckendes Zeugnis dieser Entwicklung. Zunehmend verändern Menschen ihre Porträts oder sonstigen Fotos mit einer Fotosoftware, bevor sie sie hochladen, um nur ja einem bestimmten Ideal zu entsprechen, das sich dadurch fatalerweise immer weiter verschärft. Denn selbst wenn wir schließlich besser aussehen als der Durchschnitt, mehr Geld verdienen als die meisten anderen, bessere sportliche Leistungen erbringen als die Peergroup oder weitere Urlaubsreisen vorweisen können als die meisten im persönlichen Umfeld, so wird unser rastloser Geist doch stets diejenigen ausfindig machen, die uns erneut voraus sind. Ähnlich wie dem berühmten Esel, der einer an einem Stab befestigten Möhre hinterherläuft und gar nicht merkt, dass er sie nicht erreichen kann, wird es uns mit dieser Philosophie niemals gelingen, satt zu werden.

Frau B., eine 28-jährige Patientin, erzählte mir bei Aufnahme in unsere Klinik, dass sie nun schon zum dritten Mal in eine Depression gerutscht sei. Angefangen habe das mit 15 Jahren. Damals habe sie sich von ihrem Umfeld ausgeschlossen und gemobbt gefühlt. Andere hätten sich über sie lustig gemacht. Sie habe den Eindruck bekommen, dass etwas mit ihr nicht stimme. So habe sie zum ersten Mal eine Diät gemacht, die schließlich in eine Magersucht gemündet sei. Mit 18 Jahren habe sie diese endlich überwunden, doch das Vergleichen mit anderen und vor allem die permanente Beschäftigung mit dem Essen sei geblieben. Ihre Stimmung kippe dadurch sehr leicht ins Negative, wenn sie ihre Essensziele nicht erreiche oder zu wenig Sport gemacht habe. Sie habe den Wunsch, endlich mit sich selbst ins Reine zu kommen und unabhängiger von der Meinung anderer zu werden, auf die sie bis zum heutigen Tage viel Wert lege, selbst wenn es sich nur um wenig vertraute Arbeitskolleginnen handelt.

Um innerlich wirklich satt zu werden, ist es notwendig, aus diesem Kreislauf des Vergleichens auszusteigen. Damit ist nicht gemeint, das Vergleichen ganz abzustellen. Das wird vermutlich den wenigsten Menschen gelingen. Es geht allerdings darum, möglichst rasch zu bemerken, welcher Film im eigenen Kopf schon wieder läuft, um ihm dann etwas anderes entgegenzusetzen. Frei nach Aristoteles bedeutet das, nicht den Wind beeinflussen zu wollen, sondern die Segel anders zu setzen. Dies kann beispielsweise auf folgende Weise geschehen: Ich bemerke meine durch das Vergleichen einsetzende Unzufriedenheit und die Suche nach Optimierungspotenzialen. Ich beginne meinen Blickwinkel auf das zu richten, was ich bereits bin und habe.

Wie sehr hat mich das Erreichen eines Ziels erfüllt und zufrieden gemacht? Machte es einen Unterschied, ob es sich dabei um ein materielles Ziel oder einen immateriellen Wert handelte? Bei welchem Vergleich habe ich mich in letzter Zeit unglücklicher gemacht? Ist es mir schon mal gelungen, aus der Spirale des Vergleichens auszusteigen? Wie habe ich das geschafft? Wer oder was hat mich dabei unterstützt?
Wo erlebe ich Wertschätzung in meinem Leben und wofür? Was mögen andere an mir? Spielt Materielles dabei eine Rolle? Gab es eine Zeit in meinem Leben, in der ich mehr Zugang zu meinen Fähigkeiten und Stärken hatte? Wenn ja, welche waren das? Wie könnte ich heute meine Fähigkeiten und Stärken nutzen?

Bei all dem kann die Haltung der Dankbarkeit, auf die ich noch ausführlich eingehen werde, behilflich sein, weil sie auf das Ist und nicht auf das Soll schaut. Darüber hinaus kann ich immer wieder einmal das Gedankenexperiment dahingehend erweitern, dass ich mich mit all jenen vergleiche, denen es mit Sicherheit schlechter geht als mir. Dass derartige Gedankenexperimente tatsächlich Einfluss auf unser gegenwärtiges Befinden haben, zeigen zahlreiche psychologische Experimente. Eines beispielsweise fordert die Versuchsteilnehmer dazu auf, drei belastende, aber bewältigte Erfahrungen aus der Vergangenheit mit der Gegenwart zu vergleichen, was dazu führt, dass die Gegenwart positiver abschneidet und man mit dieser zufriedener wird.

Andersherum geht es auch: Man fragt Menschen, die man zufällig in zwei Gruppen aufteilt, nach der Gesamtzufriedenheit mit ihrem bisherigen Leben. Die zwei befragten Gruppen unterscheiden sich lediglich in einer vermeintlichen Winzigkeit. Während die eine Gruppe direkt befragt wird, lassen die Versuchsleiter die anderen, vermeintlich zufällig, zehn Cent vor der Befragung finden. Kaum zu glauben, aber wahr: Die soeben gefundenen zehn Cent heben die Stimmung offensichtlich derart, dass die Frage nach der gesamten Lebenszufriedenheit signifikant positiver ausfällt als in der Vergleichsgruppe. Offensichtlich ist es so, dass das gegenwärtige Befinden, in diesem Fall ausgelöst durch das Finden eines kleinen Zehn-Cent-Stücks, das innere Bewertungssystem in diesem Moment auf bedeutsame Weise beeinflusst.

Vergleichen hat erhebliche Auswirkungen auf unsere Lebenszufriedenheit. Unser Gehirn tut dies in seiner Grundeinstellung immer in Richtung Defizit und Problem. Wenn unsere Vorfahren vor zehntausend Jahren morgens aus ihrer Höhle traten, hätten sie den Tag vermutlich nicht überlebt, wenn sie sich zunächst mal in die Sonne gelegt hätten, um deren Wärme zu genießen. Vielmehr musste der Blick auf die möglichen Herausforderungen und Gefahren, eben auf die Probleme, gerichtet sein: Wo lauert ein gefährliches Tier, wie bekomme ich heute die Nahrung zum Überleben etc. Das hat sich tief in die Matrix unseres Gehirns eingeprägt.

Genauso einprägsam sind biografische Erfahrungen, die mit unerfüllten Bedürfnissen einhergingen. Auch das kann uns sehr rasch in die Tretmühle des Optimierens treiben. So kann es hilfreich sein, unterscheiden zu lernen, wer in mir sich gerade so anstrengt, anders werden zu wollen, und dafür einen hohen Preis zahlt. Wir sind nämlich nicht alleine unterwegs, sondern begleitet von unterschiedlichen inneren Anteilen, deren Bedürfnisse in der frühen Entwicklung unserer Kindheit mehr oder weniger gut erfüllt wurden. Blieben sie unerfüllt, resultiert daraus oft eine dauerhafte Sehnsucht, den Mangel zu beheben. Musste ich mich beispielsweise stets besonders anstrengen, um die Aufmerksamkeit meiner Eltern zu bekommen, so liegt es nahe, dass sich ein »Antreiber-Anteil« entwickelte, der mich stets zu noch mehr Leistung bringen will, auch wenn das heute gar nicht mehr nötig ist, um wahrgenommen und anerkannt zu werden.

Die Crux dabei: Durch Selbstoptimierung und Leistungssteigerung lässt sich dieser Mangel nicht beheben. Was kann stattdessen helfen? Freundlichkeit und Trost nach innen! Das bedeutet einerseits anzuerkennen, dass ein Anteil in mir damals in der Kindheit einen Mangel erlebt hat, andererseits darauf heute mit Zuwendung und Trost zu reagieren und das Antreiben und Optimieren zu beenden. Wenn ein Kind sich wehgetan hat, findet es am schnellsten zum Spielen zurück, wenn es in den Arm genommen wird und der Schmerz anerkannt wird. Genauso kann ich mich als Erwachsener um mich selbst kümmern.

Das alles müssen wir berücksichtigen, um die Richtung des permanenten Vergleichens und Optimierens zu beeinflussen und dabei gleichzeitig wohlwollend mit uns zu bleiben. Denn: Für die Grundeinstellung können wir nichts! Gelingt uns ein Richtungswechsel, steigern wir damit nicht nur unser Wohlbefinden, wir gewinnen auch auf anderer

Ebene. Weniger Geld verdienen müssen, lässt Freiraum für das Leben selbst. Weniger an sich selbst optimieren und verbessern müssen, kann Zeit und Energie für das freisetzen, was ich als wesentlich und wirklich sinnvoll für mich erkenne. Statt permanenter Anspannung und Anstrengung entsteht so Raum für Gelassenheit und Entspannung. Dies sorgt mit Sicherheit für einen Gewinn an körperlicher und seelischer Gesundheit.

Machen Sie sich bewusst, dass unser Gehirn die Misserfolge der Vergangenheit ebenso überbewertet wie die Sorge vor der Zukunft.[9] Es lässt die Zukunft so erscheinen, als wäre sie bereits real. Dabei wird sie nie so werden, wie ich mir das gerade vorstelle. Die Auswirkungen dessen spüre ich allerdings jetzt: Unzufriedenheit, Sorge, Ängste. Unser Gehirn neigt dazu, das Gute im Augenblick genauso wie unsere bisherigen Erfolge zu übersehen oder zumindest unterzubewerten. Verrückterweise sehnen wir uns später oft nach dem zurück, was wir früher einmal erlebt haben, obwohl wir uns in der damaligen Gegenwart gar nicht so glücklich gefühlt haben.

Evolutionsgeschichtlich war über die gesamte Menschheitsentwicklung der Blick auf die Gefahren überlebenswichtig, das hat unser Gehirn perfektioniert. Heute ist es für die eigene Gesundheit und, wie ich glaube, auch für das Überleben der Menschheit notwendig, auch auf das Erreichte, das Gute, den Augenblick zu schauen.

Dort, wo uns das gelingt, kommen wir an und müssen nichts weiter erreichen. Wir befinden uns im »grünen Bereich« und genau das befreit uns aus der Spirale von Stress und Getriebensein, dem orange-roten Bereich in unserem Leben. Negatives Stresserleben treibt uns an und aktiviert Reaktionen von Kampf, Flucht oder gar Erstarrung. All das führt damit weg von dem, was jetzt gerade gut ist. Interessanterweise gelingt diese Haltung des Ankommens Menschen ab etwa Mitte 50 viel besser, sie müssen nicht mehr allem hinterherjagen und haben oft die sogenannte Rushhour des Lebens schon hinter sich. Dadurch sind sie wesentlich zufriedener und glücklicher mit ihrem Leben.[10]

Noch etwas gilt es zu berücksichtigen. Selbstoptimierung zeigt dem anderen nur eine Seite von mir und tut so, als gäbe es keine anderen: keine Schwächen, keine Zweifel und keine Unsicherheiten. Das schafft keine Nähe, sondern Distanz und macht in letzter Konsequenz einsam, wie der amerikanische Mediziner Dean Ornish feststellt.[11] Damit untergräbt Selbstoptimierung das überlebenswichtige Grundbedürfnis nach Zugehörigkeit. Die Geschichte von Michael Jackson entfaltet vor diesem Hintergrund eine nochmals andere Perspektive und zeigt, wie ich finde, eine tiefe menschliche Tragik. Einer der erfolgreichsten, berühmtesten und reichsten Musiker der Popgeschichte vereinsamte mit zunehmender Selbstoptimierung, unter anderem in Form zahlloser Schönheitsoperationen, immer mehr. Ob ihn diese Einsamkeit möglicherweise auch zu sexueller Gewalt an Kindern trieb, vermag ich nicht zu entscheiden, es würde aber durchaus passen.

In unserer Klinik machen wir die gegenteilige Erfahrung. Immer wieder beschreiben Patienten es als entlastend und beziehungsstiftend, Gefühle und damit vermeintliche Schwäche zeigen zu können und dabei festzustellen, dass sie all das mit den meisten anderen teilen. So ist denn auch die sogenannte Universalität von leidvollen Erfahrungen eines der entscheidenden Wirkprinzipien von Gruppenpsychotherapie.

Habe ich schon mal erlebt, dass es wohlwollend aufgenommen wurde, wenn ich meine »Schwächen« gezeigt habe, und dass mich dies erleichterte? Mit wem habe ich diese Erfahrung geteilt? Wem gegenüber könnte ich mir heute vorstellen,

meine Masken einmal ein wenig zu lüften? Und wie fühle und verhalte ich mich, wenn andere mir ihre Schwächen offenbaren?

? *Gerne darf der Blick auch auf die andere Seite gerichtet werden: Was mag ich an mir? Womit in meinem Leben bin ich zufrieden? Was darf gerne so bleiben, wie es ist? Und vor allem: Was sind denn eigentlich meine Fähigkeiten und Stärken? Wem nichts einfällt, den lade ich zu einer kleinen Reise in die eigene Vergangenheit ein.*
Was konnten Sie als 8-Jährige, als 18-Jähriger, als 28-Jährige besonders gut? Welche Stärken haben andere damals in Ihnen gesehen? Wo waren Sie mutig, kreativ, neugierig, bescheiden, mitfühlend, gerecht, fair, liebevoll, demütig? An was haben Sie damals geglaubt und worüber gelacht?

Das alles und noch viel mehr sind nämlich Stärken und Fähigkeiten. Auf sie zu blicken, macht das Leben reich. Die positive Psychologie hat sich ausführlich damit beschäftigt und festgestellt, dass über alle Kontinente, Religionen und Weltanschauungen hinweg ganz Ähnliches als Stärke und Tugend beschrieben wird.

? *Und dann können Sie, wenn Sie mögen, noch einen Schritt weiter gehen, indem Sie sich fragen: Was würde sich verändern, wenn ich mich mit meinen »Macken« versöhnte? Und nur mal angenommen, ich könnte bestimmte Begrenzungen und Einschränkungen an mir freundlich anschauen, welchen Unterschied würde das machen? Könnte ich diese Begrenzungen und »Macken« vielleicht sogar nutzen? Wie könnte das aussehen?*

Diese ungewöhnlichen und lohnenden Fragen bergen ein enormes Potenzial. Sie können dem Selbstoptimierungswahn etwas Entscheidendes entgegensetzen, etwas, was Sie längst schon besitzen! Und Sie gewinnen eine Menge: Zeit, Geld, Gelassenheit, Zufriedenheit und vieles mehr.

Das Versprechen, alles erreichen zu können, wenn man sich nur genug anstrengt und optimiert, ist eine Anleitung zum Unglücklichsein! Es ist eine Tretmühle: Egal wie schnell und erfolgreich man tritt, man landet in aller Regel dort, wo man gestartet ist. Warum? Weil sich unsere Vergleichspunkte genauso schnell drehen wie unsere Erfolge. Es ist wie mit einem schnellen Auto, das neben einem genauso schnellen fährt – man bemerkt das Tempo nicht und hat den Eindruck, dass man im Vergleich mit dem anderen an der gleichen Stelle ist wie zuvor. In der Sozialpsychologie nennt man dieses Phänomen »shifting baselines«. Die Bezugspunkte entwickeln sich immer mit und mit ihnen unsere Ansprüche. Deswegen möchten die meisten Befragten eines Experimentes auch lieber in einer Gesellschaft leben, in der sie mehr als der Durchschnitt verdienen, selbst wenn sie das Doppelte erhalten könnten, dafür aber im Lohn-Mittelfeld landeten.[12]

Die Jagd nach diesem vermeintlichen Mehrwert hat viele Ursachen: Innere Antreiber, Ablenkung von Problemen, gesellschaftlicher Druck, persönliche Überzeugungen und Wertvorstellungen etc. Auch wenn die Werbeindustrie dafür Milliarden investiert und wir mit ihr. Glauben Sie dem nicht! Es ist keineswegs so, dass nur Erfolge das Leben ausmachen und Misserfolge oder Rückschläge schädlich wären. Es kommt wie immer auf die Dosis an. Aber mit Sicherheit gilt: Wir wachsen auch und gerade an Misserfolgen, Rückschlägen und Schwierigkeiten.

Ich finde es äußerst spannend und gleichzeitig entlastend, dass der jüdische Religionsphilosoph Martin Buber selbst Gott aus dieser Perspektive betrachtet, wenn er in den Frankfurter Heften 1951 schreibt: »Erfolg ist kein Name

Gottes.« Gott steht auch auf der Seite der Unvollkommenen und vermeintlich Gescheiterten, derjenigen, die sich mit den Schattenseiten des Lebens abmühen. Gott selbst verzichtet auf die Insignien der Macht und Verehrung und wird Mensch. Gott liebt seine Schöpfung und seine Geschöpfe unabhängig von Leistung und Erfolg. Vielleicht fällt es denjenigen, die sich einer solchen spirituellen Tradition verbunden fühlen, leichter, von der fortwährenden Selbstoptimierung Abstand zu nehmen.

Und noch etwas könnte an dieser Stelle hilfreich sein: Die wenigsten Erfindungen der Menschheit entstanden aus einem Guss. Und betrachten wir unsere eigene Entwicklung, dann verhält es sich genauso. Kaum ein Kind der Welt wird aus dem Krabbeln heraus aufgestanden sein, um ohne Zögern loszulaufen!

Wie war das bei Ihnen? Welche (vermeintlichen) Misserfolge haben zu Ihrem persönlichen Wachstum, zu Ihrer Entwicklung beigetragen? Zu welchem Zeitpunkt haben Sie das bemerkt? Sofort, Tage, Wochen, Monate oder gar erst Jahre später? Was könnte das für die Gegenwart und Zukunft bedeuten?

Vom to go zum to be
Verzicht auf nebenbei noch schnell

> *Die beste Zeit, einen Baum zu pflanzen, war vor 20 Jahren.*
> *Die zweitbeste Zeit ist heute.*
> Chinesisches Sprichwort

Die Menge der Wegwerfbecher für alle Arten von Getränken hat sich seit der Jahrtausendwende verdreifacht: 110.000 Tonnen Abfall fielen in Deutschland laut Verbraucherzentrale (Stand 2018) für To-go-Getränkeverpackungen inklusive Zubehör – Deckel, Strohhalm, Rührstäbchen – an. Statistisch bedeutet das einen Verbrauch von rund 130 Bechern pro Kopf und Jahr. Die durchschnittliche Nutzungsdauer beträgt dabei 15 Minuten. Damit hat der Becher die Plastiktüte als Abfallverursacher im Alltag überholt. Sein Verbrauch steigt weiter an, während der Verbrauch von Plastiktüten durch die kostenpflichtige Abgabe in den letzten fünf Jahren um 60 Prozent gesunken ist.

Dabei geht es mir in diesem Kapitel nicht um den dadurch entstehenden Müllberg und den Verlust an Ressourcen. Vielmehr möchte ich einen kurzen Blick auf die To-go-Mentalität werfen, die auch mir selbst nicht völlig fremd ist. Es scheint verführerisch und verlockend zugleich, auf dem Weg von A nach B etwas Leckeres zu konsumieren. Interessant ist, dass dies ein neues Phänomen ist. Vor 30 Jahren wäre kaum einer auf die Idee gekommen, seinen Kaffee im Gehen zu sich zu nehmen. Allenfalls kannte man dieses Phänomen von Marathonläufern, die unterwegs ihre Energiereserven auffüllen mussten, um das Ziel zu erreichen, also quasi tranken, bevor der Kraftstoff ausging. Meist jedoch war es verbunden mit einem Picknick auf einer Wanderung oder einem längeren Spaziergang, wo man sich eine Thermoskanne mit einem entsprechenden Getränk mitgenommen hatte, das man dann an einem gemütlichen Platz seiner Wahl zu sich nahm. Nicht aber unterwegs.

In Deutschland geschieht dies also beinahe zehn Milliarden Mal im Jahr im Vorbeigehen. Bestimmt werden dabei viele Kaffees und auch andere Getränke in Bahn, Bus oder eigenem Auto mit Genuss und Freude getrunken. Genauso häufig allerdings geschieht dies sicherlich nebenbei. Dieses Phänomen beschreibt eine zunehmende Optimierung von Zeitressourcen. Man kann ja sein Frühstück auch auf dem Weg zur Arbeit nebenher zu sich nehmen oder gleichzeitig schon mal ein paar E-Mails checken. Gleichzeitig verweist es darauf, dass viele Menschen zunehmend nicht mehr bei dem sind, was sie gerade tun. Dies führt erwiesenermaßen zu Stress, auch dann, wenn wir es selbst nicht sofort bemerken. Unser Organismus hingegen registriert sehr wohl, ob wir in Eile sind oder Zeit haben. Mittlerweile wissen wir, dass der Vagusnerv 80 Prozent seiner Fasern aus dem Körper ins Gehirn schickt. Über ihn wird das Befinden der inneren Organe insbesondere des Darms nach oben gemeldet. So machen sich zum Beispiel Eile und Unruhe im Darm bemerkbar, das sympathische Nervensystem, das für die Herausforderungen des Alltags verantwortlich ist, wird aktiviert und schaltet in den uralten Modus von Kampf oder Flucht. Unser Organismus benötigt allerdings auch den Gegenspieler, das parasympathische Nervensystem, das für Beruhigung, Entspannung, Verdauung und Schlaf zuständig ist.

Viele körperliche und seelische Beeinträchtigungen wie Schlafstörungen, Verdauungsschwierigkeiten, Unruheempfinden und Nervosität hängen damit zusammen, dass unser Organismus nicht mehr zur Ruhe findet. Die To-go-

Mentalität ist eine Facette hiervon. Es macht eben schon rein äußerlich einen Unterschied, ob ich einen Kaffee in einer Bar im Gespräch mit dem Barista oder am Kaffeetisch oder im Gehen nebenbei zu mir nehme.

Der Mensch der Moderne erlebt sich oft als Getriebener. Die To-go-Möglichkeiten können dies fördern. Sie lassen vieles unachtsam und nebenher geschehen. Das hat Auswirkungen. Auch weil das meiste, was so nebenher gegessen wird, eben Fast-Food ist. Es zeichnet sich dadurch aus, dass es schnell den Hunger stillen soll. Durch rasch anflutende Zuckerarten und leere Kohlenhydrate, die ebenfalls zu Zucker abgebaut werden, kommt es zwar vorübergehend zu einem Energieschub, der allerdings genauso schnell wieder verpufft. Durch das für den Zuckerabbau notwendige Insulin, das für diesen Ansturm an zuckerhaltiger Nahrung benötigt wird, entsteht bald schon wieder ein Hungergefühl. Ein Teufelskreis, der unter anderem für die extreme Zunahme an Diabetes mellitus, der Blutzuckerkrankheit, auf fast der ganzen Welt verantwortlich ist. Alleine in Deutschland hat sich diese Zahl seit der Jahrtausendwende um 40 Prozent erhöht!

Selber kochen und backen nimmt automatisch Tempo aus dem Alltag – nur tun das immer weniger Menschen. Es lohnt sich (wieder) zu entdecken, wie eine Mahlzeit entsteht, am besten aus möglichst frischen, unverarbeiteten Lebensmitteln. Denn leider verdienen die industriell gefertigten Lebensmittel diesen Namen nicht, weil ihnen leere Kohlenhydrate und Zucker hinzugefügt wurden, die den Kreislauf des Mehr ankurbeln. Nicht umsonst entdeckt die Ernährungsforschung zurzeit das Prinzip der Fermentation wieder, das die Menschheit seit Tausenden von Jahren zur Haltbarmachung nutzte. Kurz gesagt geht es dabei um Folgendes: Wenn Lebensmittel wie zum Beispiel Sauerkraut, Joghurt oder Sauerteigbrot vor ihrer Verwertung stehen gelassen werden, werden vor allem Bakterien (zum Beispiel Milchsäurebakterien) aktiv und lassen Mikronährstoffe entstehen, die unser Körper für seine Gesundheit benötigt. Dafür braucht es Zeit. Die modernen Treibmittel und Beschleuniger in den Lebensmitteln bewirken das Gegenteil und lassen den Mikronährstoffen keine Chance mehr!

»Nebenbei« kommen nicht wenige Menschen auf bis zu zehn Mahlzeiten und Snacks pro Tag. Gesund ist das mit Sicherheit nicht. Aber bemerken wir überhaupt noch, wann wir nebenher etwas zu uns nehmen? In fast jedem Büro stehen Süßigkeiten parat und die Werbeindustrie hat die süße Pause zwischendurch zum Muss erhoben – zum Beispiel für die kleine Belohnung im vermeintlichen Alltagsstress. Die schädlichen Nebenwirkungen für den Körper sind weniger bekannt. Und wenn es mal keinen Grund fürs Belohnen gibt, dann müssen Süßigkeiten als Trost für Frustration herhalten. Hier wird es noch bedeutsamer, wachsam zu bleiben, weil Essen niemals die unerfüllten Bedürfnisse stillen kann, für die es eingesetzt und angepriesen wird!

Innehalten und Wahrnehmen machen Veränderung möglich – für Körper, Seele und Geist. Dabei kann die Grundhaltung achtsamkeitsbasierter Ansätze helfen. Sie besteht in einem vorurteilsfreien, freundlich offenherzigen Wahrnehmen und Anerkennen dessen, was jetzt gerade ist, zunächst ohne Veränderungsabsicht. Was nehme ich da eigentlich gerade zu mir, habe ich wirklich Hunger oder bin ich eigentlich müde oder genervt und bräuchte zum Beispiel eine Pause, ein klärendes Gespräch, Trost oder Unterstützung?

Raucher haben es mit dem Pausenbedürfnis vermeintlich leichter, weil eine Zigarettenpause, obwohl ungesund, meist geduldet wird. Deshalb haben einige Firmen Apfelpausen eingeführt. Der kluge Gedanke dabei: Pausen fördern die Konzentration und Leistungsfähigkeit, deshalb sollten sie erlaubt und mit etwas Gesundem verknüpft sein.

Bewusstes, achtsames Im-Augenblick-Sein kann uns dabei helfen, den Blick ins Hier und Jetzt zu richten, dahin, wo ich gerade bin und was ich gerade tue. Josef Guggenmoos drückt dies in folgendem Gedicht wunderbar aus.

> Was ist der Löwe von Beruf?
> Löwe ist er, Löwe!
> Der Fuchs ist Fuchs, das ist genug.
> Möwe ist die Möwe.
>
> Was ist der Mensch? Fabrikarbeiter,
> Schüler, Chefarzt, Fahrer.
> Was Du auch seist – im Hauptberuf
> sei MENSCH, ein ganzer, wahrer![13]

Sind wir im Hauptberuf noch Mensch? Und wenn nein, wie können wir es wieder werden? Wie können wir wieder ins Spiel zurückkommen? Es handelt sich schließlich um das Spiel unseres Lebens!

Ein Weg führt über unseren Geist, der uns gerne zwischen Vergangenheit und Zukunft hin- und herjagt. Dummerweise schlägt er hierbei nicht die besten Seiten des Poesiealbums auf, sondern die belastenden Erinnerungen von gestern und sorgenvollen Befürchtungen von morgen. Das kostet nicht nur Kraft und Energie, es beeinflusst auch unsere Stimmung wesentlich, und zwar im Hier und Heute. Das zeigt auch die folgende Buddhistische Geschichte.

Zwei Zen-Mönche überquerten einen Fluss. Sie trafen eine sehr junge und schöne Frau, die ebenfalls den Fluss überqueren wollte, sich jedoch fürchtete. So hob der eine Mönch sie auf seine Schultern und trug sie zum anderen Ufer. Da packte den anderen Mönch die Wut. Er sagte kein Wort, aber innerlich kochte er, denn das war verboten! Ein buddhistischer Mönch durfte doch keine Frau berühren und sein Gefährte hatte diese Frau nicht nur berührt, er hatte sie sogar auf seinen Schultern getragen.

Nach Meilen, als sie das Kloster erreichten und durch das Tor traten, wandte sich der erboste Mönch dem anderen zu und sprach: »Hör zu, ich werde mit dem Meister darüber sprechen müssen, ich werde es ihm melden müssen. Es ist verboten!« Der Mönch entgegnete: »Worüber redest du? Was ist verboten?«

»Hast du das etwa vergessen?«, fragte der andere. »Du hast die schöne Frau auf deinen Schultern getragen.« Da lachte der erste Mönch und sprach: »Ja, das habe ich. Aber ich habe sie am Fluss abgesetzt, viele Meilen weit zurück. Aber du hast sie scheinbar immer noch nicht losgelassen und trägst sie weiter mit dir!«[14]

Es lohnt sich also, immer mal wieder darauf zu achten, wo und an was meine Gedanken gerade hängen und welchen Charakter sie haben. Was ich mit mir herumtrage, wie der Mönch in der Geschichte, hat erhebliche Auswirkungen auf mein Wohlbefinden. Nicht umsonst gilt das negativistische Grübeln als ein wesentlicher Ausgangspunkt für depressive Gefühle. Therapeutische Ansätze versuchen, mit Grübelstopp-Techniken darauf Zugriff zu bekommen, weil es so bedeutsam ist.

Nur wenn ich bemerke, was da in meinem Kopf wieder auf dem Kinoprogramm steht, kann ich Einfluss nehmen und etwas verändern. So kann ich lernen, das Programm mitzugestalten – nicht immer, aber immer öfter. Wenn es uns gelingt, ganz bei dem zu sein, was gerade ist, werden wir entspannter und gewinnen Freiheit. Damit gewinnen wir eine ganze Menge Leben.

Bemerken Sie einen Unterschied, ob Sie etwas nebenbei tun oder mit ganzer Aufmerksamkeit? Wenn ja, welchen? Würde sich Ihr Leben verändern, wenn Sie mit mehr Zeit kochen und essen würden? Woran bleiben Ihre Gedanken gerne hängen? Und was hilft Ihnen dabei, davon wieder loszukommen?

Das Nein zu anderen und das Ja zu mir
Der Verzicht darauf, zu gefallen

> *Was haben wir denn sonst? Was außer diesem wunderbaren,
> begnadeten Intervall des Seins und der Selbstbewusstheit?
> Wenn etwas geehrt und gesegnet werden kann, sollte es das sein –
> das kostbare Geschenk der bloßen Existenz.
> Zu verzweifeln, weil das Leben endlich ist oder weil es keinen
> höheren Zweck oder festen Entwurf hat, ist krasse Undankbarkeit.*
> Irvin Yalom, Die Schopenhauer-Kur

Das Nein zu anderen

Ein Nein über die Lippen zu bringen, fällt den meisten Menschen schwer. Sich von den Wünschen und Bedürfnissen anderer abzugrenzen, sich nicht immer wieder vereinnahmen zu lassen oder reflexartig vermeintliche Verpflichtungen zu übernehmen, scheint vielen Menschen wie ein unausweichliches Verbot.

Sicherlich hat dieses Verhalten ganz viel mit unserer Evolutionsgeschichte zu tun, die uns gelehrt hat, dass wir alleine verloren sind, dass wir zum Überleben stets die Gemeinschaft benötigt haben. Wir sind bis in unsere Zellen hinein soziale Wesen. Das ist mit Sicherheit kein Makel, sondern häufig ein großer Gewinn, aber es kann auch der Grund für Aufopferungsbereitschaft, Selbstverleugnung bis hin zur Selbstausbeutung sein. Aus Angst vor Zurückweisung, Ablehnung oder Enttäuschung anderer sagen wir reflexartig »Ja«. Ja zu einer weiteren Aufgabe am Arbeitsplatz, Ja zur Mithilfe in einem Familienprojekt, Ja zu einer

Bitte der Nachbarin oder Ja zu einer Verabredung, für die ich heute eigentlich viel zu erschöpft bin.

Vermutlich ist es Ihnen schon aufgefallen: Das Ja zu mir selbst taucht in der noch beliebig zu erweiternden Aufzählung nicht auf. Ja zu mir zu sagen allerdings, bedeutet auch, Grenzen zu setzen. Dass andere darauf nicht mit Begeisterungsstürmen reagieren, ist normal und zu erwarten. Wenn ich das weiß und damit gewissermaßen schon rechne, kann es vielleicht schon ein bisschen leichter werden, trotzdem bei mir und meinen Bedürfnissen zu bleiben. Ich werde dann auf dem richtigen Fuß erwischt, was bedeutet, dass ich mir beispielsweise eine gute Begründung zurechtlege. Auch eine Formulierung folgender Art kann helfen: »Ich kann gut verstehen, dass du jetzt enttäuscht bist, das tut mir auch leid. Dennoch möchte ich bei meiner Entscheidung bleiben.«

Es ist hilfreich, mit der Enttäuschung der anderen zu rechnen. Warum sollte der- oder diejenige, die sich auf meine permanente Verfügbarkeit und grenzenlose Aufopferungsbereitschaft bisher verlassen hatte, nicht enttäuscht sein, wenn ich mich von dieser verabschiede. Dem anderen geht ja tatsächlich etwas verloren: eine fleißige Arbeitskraft, eine emsige Helferin, jemand mit einem immer offenen Ohr etc. Und selbstverständlich darf auch eine gute Freundin, die sich mit mir ohne Hintergedanken verabreden möchte, enttäuscht sein, wenn ich für dieses Mal die Anfrage ablehne. Darin versteckt sich bei genauerer Betrachtung sogar ein Kompliment an mich. Es geht der anderen Person ja um mich: Ich bin ihr oder ihm wichtig.

Unsozial wird man deswegen noch lange nicht, auch wenn einem das vielleicht manchmal aus dem Munde der anderen, der Enttäuschten, unterstellt wird. Vielmehr zeigt sich bei genauerem Hinsehen, dass ein gutes Maß an Selbstfürsorglichkeit die optimale Voraussetzung für ein soziales

Engagement darstellt. Nicht umsonst spricht schon Jesus in seinem berühmten Satz zur Nächstenliebe davon, den anderen wie sich selbst zu lieben und nicht statt oder weniger als sich selbst. Interessant, dass das Gebot der christlichen Nächstenliebe im Laufe der Jahrhunderte die Färbung der Selbstlosigkeit und des Altruismus erfahren hat. Dass wirkliche Selbstliebe nicht leicht ist, wusste schon Max Frisch, der in seinem Roman »Stiller« schreibt, dass es »die höchste Lebenskraft (braucht), um sich selbst anzunehmen«.

Oft tragen vermeintliche innere Zwänge dazu bei, dass einem das Nein nicht über die Lippen kommt. Innere Glaubenssätze und festsitzende Überzeugungen wie »ich muss perfekt sein«, »ich muss immer freundlich sein und funktionieren«, oder »ich muss stark sein«, werden zu inneren Antreibern, die kein Pardon kennen. Diese setzen auf das Gefühl der Angst. Angst, zu versagen, keine Zuwendung oder Anerkennung mehr zu bekommen, nicht mehr geliebt zu werden. Meist wurzeln diese Ängste in der Kindheit, in der wir die wichtigsten Erfahrungen von Bindung und Zugehörigkeit machen.[15]

Herr B. erzählt, dass er die Aufmerksamkeit seiner Eltern, die sehr mit sich beschäftigt waren, immer nur über gute Leistungen erhielt. Davon angespornt strengte er sich immer mehr an, weil er sich nach dieser, wenn auch kurzen, Zuwendung sehnte. Bald schon reichte nicht mehr die Note 2, er musste besser werden. In seinem späteren Berufsleben trieb ihn dieses Verhalten über Jahre weiter an – bis zur völligen Erschöpfung, die letztlich in eine Depression mündete. »Aus 100 Prozent waren über die Jahre 150 geworden und ich hatte es nicht bemerkt oder nicht ändern können«, sagt er heute rückblickend.

Nicht nur verbale Aufforderungen nach einem Mehr, sondern häufig subtile Rahmenbedingungen und Atmosphärisches, wie bei Herrn B., lassen diese inneren Glaubenssätze entstehen. Sie sind eine Antwort auf die Umgebungsbedingungen und sind getragen von dem Wunsch nach Nähe und Liebe, einem zentralen Grundbedürfnis menschlichen Seins. Oft trägt sogar niemand eine direkte Schuld daran. Es ist doch für uns alle viel leichter, jemanden zu mögen und zu lieben, der freundlich und hilfsbereit ist und als Kind mit guten Leistungen auf sich aufmerksam macht, als jemanden, der rebellisch und eigensinnig ist.

Der wichtigste Schritt aus den eingefahrenen Mustern und antreibenden Glaubenssätzen heraus ist, sie überhaupt erst einmal zu bemerken. Nur dann kann ich beginnen Einfluss zu nehmen. Und wie im zitierten Beispiel ist es meiner Ansicht nach hilfreich, zu erkennen, dass das eigene Verhalten viel Sinn gemacht hat, zumindest in der Vergangenheit, und manchmal eben auch heute noch. Wenn mir dies deutlich wird, muss ich mich nicht auch noch für mein Verhalten kritisieren, was ja eine typische Reaktion auf persönliche Schwierigkeiten und vermeintliches Versagen ist. Vielmehr könnte ein freundlich verständnisvoller Umgang mit mir selbst Veränderung erleichtern und mir dabei helfen, mich im Laufe der Zeit sogar mit dem ungeliebten Anteil von mir auszusöhnen.

 Welche Glaubenssätze spielen in Ihrem Leben eine Rolle? Wer viel arbeitet, ist mehr wert? Anerkennung muss ich mir erst verdienen? Erst die Arbeit, dann das Vergnügen? Wer Nein sagt, gehört nicht dazu? Oder: Was sollen die anderen denken?

Aus Glaubenssätzen kann ich auch neue Vorsätze formulieren, die mich ermutigen und aufrichten können: Das Nein gegenüber anderen ist ein Ja zu mir! Egal was ich leiste, bin ich ein wertvoller Mensch! Ich achte auf einen guten Ausgleich von Arbeit und Erholung! Ich kann genießen und mich reinhängen!

Die Liste lässt sich kreativ erweitern. Versuchen Sie es einmal und lassen Sie sich Zeit für die Umstellung. Alle, die behaupten, Veränderungen seien doch ganz einfach, kennen das Gehirn schlecht. Das orientiert sich nämlich stets am Vertrauten, hier kennt es sich aus, egal ob es mir damit langfristig gut geht. Um es in den Worten der Romanautorin Elizabeth Strout zu sagen: »Wonach er sich zunehmend sehnte, war das Haus seiner Kindheit, ein Haus, in dem er [...] keinen Tag lang glücklich gewesen war. Und doch hatte die Erinnerung an sein Unglück dort etwas seltsam Süßes, ein bisschen wie die Erinnerung an eine Liebesgeschichte.«[16]

Für unser Gehirn gilt zunächst der Heimvorteil, ganz gleich wie es dort früher aussah, es ist vertraut und fühlt sich damit gut an. Ändere ich das Muster, fühlt sich das zunächst gar nicht gut an! Das sollte jeder wissen, der sich an Veränderungen herantraut. Unser Gehirn benötigt Zeit, um sich darauf einzustellen. Geben Sie sich und Ihrem Gehirn diese Zeit!

Grenzen zu ziehen und Nein zu sagen hat also durchaus »Nebenwirkungen«. Daraus abzuleiten, dass die »Therapie« unwirksam sei, wäre allerdings genauso falsch wie bei einem wirksamen Medikament. Und genauso wie bei der Arzneimitteltherapie stellt sich die gewünschte Wirkung meist nicht sofort, sondern erst nach einer gewissen Zeit ein. Es bedarf also der Geduld, wenn man eingetretene Pfade verlässt und Neues wagt. Unser Gehirn benötigt Wiederholungen, bis Dinge von alleine laufen. Denken Sie nur an so etwas wie Fahrradfahren oder das Spielen eines Musikinstrumentes. Man lernt es nicht von heute auf morgen und insbesondere beim Musizieren wird man auch nach Jahren durch weiteres Üben immer noch besser. Das kann eine ermutigende Perspektive sein!

Das Ja zu mir

Man hat nur Angst, wenn man mit sich selbst nicht einig ist.
Hermann Hesse, Demian

Frau B., eine 63-jährige Patientin, hatte vor zwei Jahren ihren Partner verloren. Sie litt sehr darunter, zeigte dies jedoch in den Therapiesitzungen selten, nie brach sie in Tränen aus oder verlor die Fassung. Vielmehr erzählte sie von zahlreichen Aktivitäten, die sie mit Freunden und Bekannten unternahm und die auch der Ablenkung dienten. In mir als Therapeut entstand das Bild einer kompetenten, lebenszugewandten und aktiven Frau, die einer Unterstützung eigentlich nicht mehr bedurfte. Dieser Eindruck allerdings veränderte sich, als ich mich danach erkundigte, wie es ihr mit den Aktivitäten und Kontakten innerlich ginge. Mehr und mehr wurde deutlich, dass sie sich in der überwiegenden Zeit, die sie mit anderen verbrachte, um deren Anliegen kümmerte. Dies konnte darin bestehen, mit Hunden rauszugehen, sich um die Versorgung von kleinen Kindern zu kümmern, nach Haus und Hof für eine Freundin zu schauen und ganz allgemein Kummerkasten für die Nöte und Anliegen der anderen zu sein. Erstaunt erkundigte ich mich danach, ob sie selbst von ihrem inneren Empfinden, ihrer Trauer und der Not des Alleinseins berichten würde. Es stellte sich heraus, dass dies allenfalls am Rande zur Sprache kam.

Im weiteren Verlauf der Therapie stießen wir darauf, dass sie hiermit ein bekanntes Lebensmuster bediente, das sich seit der frühesten Kindheit entwickelt hatte. Als Erstgeborene hatte sie das Gefühl, Anlass der Heirat ihrer Eltern gewesen zu sein, deren Ehe stets unglücklich wirkte. So bemühte sie sich umso mehr, es allen recht zu machen und übernahm Aufgaben in der Betreuung der jüngeren Geschwister, die bei weitem nicht altersgemäß waren. Sie selbst habe in ihrer Kindheit und Jugend eigentlich nur eine untergeordnete Rolle gespielt. So etwas wie Selbstliebe sei ihr fremd. Sie habe Zuneigung noch am ehesten durch ihren verstorbenen Mann erfahren. Auch hier sei es ein ihr fremdes Gefühl geblieben.

So veränderte sich der Fokus der Therapie hin zur Frage, wie ein Ja zur eigenen Person aussähe, aus dem sich schließlich auch Selbstachtung und Selbstliebe entwickeln könnte. Zunehmend wurde deutlich, dass es neben dem Mut, das eigene Befinden und die eigenen Bedürfnisse in eine Beziehung einzubringen, auch um die Formulierung von Grenzen ginge. Hierzu konnte das Nein zu einer Anfrage ebenso gehören wie der freundliche Hinweis darauf, dass eine zu umfassende Problemschilderung einer Freundin sie gegenwärtig überfordere. Langsam wurde ihr bewusst, dass eine weitere Herausforderung auch darin bestehen würde, die Erwartung der anderen zu enttäuschen, die selbstverständlich davon ausgingen, dass sie immer zur Verfügung stehen würde.

Dieser Ausschnitt aus einer längeren Therapie zeigt auf, dass es keinesfalls selbstverständlich ist, zu sich und seinen Bedürfnissen zu stehen und diesen entsprechend Ausdruck zu verleihen. Es wird deutlich, dass eine mögliche Schwierigkeit auch darin besteht, anderen die eigenen Grenzen deutlich zu machen und sie damit möglicherweise zu enttäuschen. Dies geschieht vor allen dann, wenn über längere Zeit ein »Gewohnheitsrecht« entstanden ist, aus dem andere ableiten, dass es stets so weiterläuft wie bisher. Es wird auch deutlich, dass ein solches Muster häufig Ausdruck von mangelnder Selbstliebe und Selbstfürsorglichkeit ist.

Aus der Sicht des Verstandes scheint es logisch, dass ich mich nur gut um andere kümmern kann, wenn ich mich auch gut um mich selbst kümmere, dass ich nur geben kann, wenn ich selber genug erhalte. Aus der Sicht der Gefühle allerdings ergibt sich aufgrund der eigenen Lebensgeschichte oft eine ganz andere Logik, eine »Psycho-Logik«.

Diese könnte folgendermaßen lauten: Bevor du Anerkennung und Wertschätzung erfahren kannst, musst du in Vorleistung treten, oder du musst dir Liebe immer erst verdienen und eigentlich tust du nie genug dafür. Wer mit solchen Erfahrungen aufwachsen musste, die nonverbal oder verbal immer wieder von den nächsten Bezugspersonen, in der Regel den Eltern, formuliert wurden, glaubt sie irgendwann. Schließlich übernimmt man sie im Laufe der Zeit sogar in das eigene Fühlen und Handeln, ohne sie noch zu hinterfragen, manchmal ohne sie überhaupt noch zu bemerken. Dies geht so lange gut, bis äußere oder innere Brüche das bisherige Gleichgewicht erschüttern. Manchmal begeben sich Menschen dann in Therapie oder Beratung. Damit wächst die Chance für Veränderung.

Ja zu sich zu sagen, ist mit Sicherheit kein Spaziergang. In der Regel wird dieses Ja innerlich schnell begleitet sein von einem Aber, von Einwänden, die gelegentlich von Außenstehenden vorgebracht werden, meist aber von mir selbst. Ein erster hilfreicher Schritt ist an dieser Stelle, beide Seiten gleichwertig zu Wort kommen zu lassen, wie man das bei einer guten Streitschlichtung und einer professionellen Mediation auch täte. Man stellt die neue der bisher vertrauten Sichtweise gegenüber.

Übrigens: Was man über sich selbst denkt, ist noch lange nicht wahr. Wir haben es irgendwann aus guten Gründen so gelernt. Häufig stimmt das Gelernte allerdings nicht – die Erde ist eben keine Scheibe, auch wenn das über Jahrtausende fester Bestandteil des Menschheitswissens war. Wir tun aber so, als ob die inneren Stimmen wie Gesetze wären.

Die bisherigen Muster von Aufopferung bis hin zur Selbstverleugnung sind als ein Überlebensmuster zu verstehen. Das ist ein wichtiger Punkt. Es war ein Lösungsversuch für mehr oder weniger widrige Umstände in der Kindheit. Heute gelten sie allerdings nicht mehr. Als Kind bleibt einem oft nur die Entwicklung von defensiven Verhaltensweisen. Diese zeichnen sich dadurch aus, dass man als Kind Verantwortung oder gar Schuld auf sich nimmt, die eigentlich bei den Erwachsenen läge. Lieblose Zurückweisung oder Ablehnung wird ein Kind so verstehen: »Es muss an mir liegen, dass die so mit mir umgehen, ich bin nicht gut genug, ich muss mich mehr anstrengen, um ein bisschen Liebe abzubekommen.«

Wie eine Veränderung des bisherigen Musters möglich ist, erzählt die Geschichte *Vom Adler, der nicht fliegen wollte* von James Aggrey[17], die ich im Folgenden frei nacherzählt habe.

Ein Adler fiel als Junges aus dem Nest, er hatte Glück im Unglück, denn er wurde von einem Bauern gefunden, der gerade vom Markt kam und nach Hause ging. Der Bauer sah den Adler am Wegesrand liegen und nahm ihn mit zu sich nach Hause auf seine Hühnerfarm. Dort wuchs der Adler zusammen mit den Hühnern auf. Die Zeit verging und eines Tages kam ein Fremder auf den Hof. Als er den Adler erblickte sagte er zu dem Bauern: »Sieh mal dieser Vogel dort zwischen all den Hühnern, das ist doch kein Huhn, das ist ein Adler.« Der Bauer musste schmunzeln und antwortete: »Ja, du hast recht. Er mag aussehen wie ein Adler, aber weißt du, er ist mit Hühnern aufgewachsen und deswegen denkt und verhält er sich wie ein Huhn.« Der Fremde nahm den Adler, setzte ihn auf seinen Arm, reckte ihn hoch in die Luft und rief: »Breite deine Schwingen aus und fliege, denn du bist der König der Lüfte.« Der Adler schaute verdutzt, hüpfte vom Arm hinab auf den Boden und pickte Körner, wie er es gewohnt war. Am nächsten Tag stieg der Fremde mit dem Adler auf das Dach des Hühnerstalls, setzte ihn auf seinen Arm, den er wieder hoch in die Luft reckte und rief:

»Breite deine Schwingen aus und fliege, denn du bist der König der Lüfte.« Wieder schaute der Adler verwundert, wieder hüpfte er vom Arm runter, rutschte das Dach des Hühnerstalls hinab, plumpste auf den Boden und pickte Körner, wie er es gewohnt war. Am dritten Tag stand der Fremde früh morgens vor Sonnenaufgang auf und stieg mit dem Adler auf den höchsten Berg in der Umgebung. Der Aufstieg war anstrengend und mühevoll, der Weg stellenweise gefährlich mit steilen Anstiegen und Geröllfeldern. Wann immer der Fremde nach unten schaute, gewahrte er, um wie viel kleiner das Tal unter ihm geworden war und mit jedem Schritt, den er machte, konnte er sehen, wenn er nach oben schaute, wie sein Ziel Stück für Stück näher rückte. Und tatsächlich, pünktlich zum Sonnenaufgang erreichte er den Gipfel und konnte sehen, wie die glutrote Sonne hinter den Bergen am Horizont aufstieg. Und wieder setzte er den Adler auf seinen Arm, reckte ihn hoch in die Luft und rief: »Breite deine Schwingen aus und fliege, denn du bist der König der Lüfte.« Der Adler schaute sich um, sah die ersten roten Sonnenstrahlen, die die Landschaft in ein rotoranges Licht tauchten, spürte diesen leichten Wind in seinen Federn, der immer aufkommt, sobald die Sonne aufgeht, er sah auch hinab ins Tal, sah den Hof, auf dem er aufgewachsen ist, konnte die Hühner sehen, die gerade aufstanden. Ja, seine Augen waren so scharf, dass er sogar die Körner auf dem Boden sehen konnte, die er gewohnt war zu picken. Und er spürte so ein Zittern, ein Vibrieren, das durch seinen ganzen Körper lief bis in die Flügelspitzen. Als der Fremde das merkte, reckte er seinen Arm noch höher in die Luft, so hoch er konnte, stellte sich auf die Zehenspitzen und rief: »Breite deine Schwingen aus und fliege, denn du bist der König der Lüfte.« Sein Vibrieren wurde mit einem Mal stärker und der Adler breitete seine Flügel aus und flog davon.

Diese Geschichte hat in der hier erzählten Weise bewusst etwas Hypnotisches, sie kann, wenn man sie auf sich wirken lässt, den Mut entfalten helfen, den es braucht, alte Glaubenssätze hinter sich zu lassen. Sie können sich die Geschichte zum Beispiel aufnehmen und immer wieder anhören, um ihre Wirkung zu vertiefen. Sie kann nämlich den Adler in uns wecken. Für das Ja zu mir ist es gut, sich selbst wichtig zu nehmen und zu entdecken, was in einem steckt. Das gelingt kaum, wenn man den Blick auf die Anforderungen der Umgebung und die Wünsche der anderen richtet. Sie sehen gerne das Huhn in einem, wenn es für sie Vorteile hat. Wir alle können in der medialen Flut erleben, wie schnell man einer falschen Meldung glaubt, wenn sie nur oft genug verbreitet wird und von entsprechender Stelle kommt (fake news). Selbst so etwas Offensichtliches wie einen Adler im Hühnerstall kann man damit in Schach halten.

Es braucht einen Anstoß, um etwas zu verändern. Und es braucht dann den Glauben daran, dass es gelingen kann, Muster zu unterbrechen und zu verändern. Die beste Botschaft der Hirnforschung lautet: Veränderung ist bis ins hohe Alter möglich, weil unser Gehirn neuroplastisch ist. Das bedeutet, dass es sich stets seinen Anforderungen entsprechend organisiert und verändert. Besonders dann, wenn wir etwas mit Begeisterung tun. So lernt auch ein Achtzigjähriger noch eine neue Sprache, wenn er sich in eine Partnerin aus einem anderen Land verliebt hat.

Mit Selbstverliebtheit hat dies alles nichts zu tun. Es geht vielmehr darum, sich selbst nicht zu vergessen, wie es ein Patient neulich formulierte. Das Pendel wird in aller Regel nicht zur anderen Seite ausschlagen, so dass man sich auf einmal zum skrupellosen Egoisten entwickelt. Dafür hat man schon genügend Empathie entwickelt. Die inneren Antennen waren oftmals, wie wir gesehen haben, eben nur auf die Bedürfnisse anderer ausgerichtet. Ab jetzt dürfen sie sich auch auf die eigenen richten!

Wohl jeder würde einem guten Freund, ja, vermutlich schon einem entfernten Bekannten widersprechen, wenn dieser schlecht über sich reden und mutmaßen würde, eine bestimmte Situation nicht zu meistern. Eigenartig, dass wir oft mit uns selbst ganz anders reden! Da finden wir rasch noch weitere Argumente, die für die Befürchtung und negative Selbsteinschätzung sprechen. »Das schaffe ich bestimmt nicht!« Darauf würden wir einem anderen entgegnen: »Natürlich! Schau doch mal, wie gut du neulich mit einer ähnlichen Situation umgegangen bist.« Uns selbst werfen wir ein bestätigendes »Genau!« an den Kopf. Sieht so Freundschaft mit mir selbst aus? Wie wäre es, Sie würden solchen Gedanken in Zukunft widersprechen wie einem guten Freund? Was würde sich dadurch ändern? Wer würde es bemerken? Und woran?

Wann haben Sie zuletzt bewusst Ja zu sich gesagt? Haben das andere bemerkt? Wenn ja, wie war deren Reaktion? Hat Sie das ermutigt oder abgeschreckt? Kennen Sie Vorbilder für ein gutes Ja zu sich? Wie machen die das? Was könnten Sie von denen lernen?

Entscheidungen treffen
Verzicht darauf, sich alles offen zu lassen

An den Scheidewegen des Lebens stehen keine Wegweiser.
Charlie Chaplin

Irvin Yalom schreibt in seinem Buch *Die Liebe und ihr Henker*: »Alternativen schließen sich aus, ist ein wichtiger Grund, um zu verstehen, warum Entscheidungen häufig so schwerfallen. Entscheidung bedeutet immer Verzicht: Jedes Ja erfordert ein Nein, jede Entscheidung bedeutet das Ende für alle anderen Optionen.«

Gleichzeitig stellt die Entscheidungsunfähigkeit ein Symptom der Depression dar. Das bedeutet umgekehrt, dass die Fähigkeit, Entscheidungen zu treffen und damit auf Alternativen zu verzichten, ein Zeichen seelischer Gesundheit ist. Das erfordert ein hohes Maß an Kompetenz, Mut, Verantwortlichkeit und Pragmatismus. Denn ich entscheide mich für eine Möglichkeit unter vielen und verabschiede mich im gleichen Moment von all den anderen. Das kann durchaus schmerzhaft sein. Lebendig-Sein funktioniert genauso: Auswählen, Entscheiden und Handeln im Bewusstsein, dabei gleichzeitig anderes zu lassen. Der Prozess des Entscheidens ist gleichzeitig einer der Verantwortungsübernahme. Warum? Weil ich von den vielen gegenwärtigen Möglichkeiten genau eine zu meiner Wirklichkeit mache.

Diese Fähigkeit ist notwendig, um der Vielfalt des Lebens zu begegnen. Viktor Frankl sah darin eine zentrale Voraussetzung für eine gelingende menschliche Existenz. Er sprach von einer kopernikanischen Wende und meinte damit eine Abkehr von einem anthropozentrischen Weltbild, bei dem sich alles um uns Menschen dreht. Er betonte immer wieder, dass nicht wir Menschen dem Leben Fragen stellen, sondern dass das Leben in jeder Situation Fragen an uns stellt, die wir zu beantworten haben.

Deswegen meinte Frankl auch, dass permanent hinausgezögerte Entscheidungen und eine durchgängige Form der Unverbindlichkeit dem Leben gegenüber seelisch krankmachen können. Wer sich nicht festzulegen vermag, verpasst das Leben und wird damit unzufrieden und unglücklich. Nicht getroffene Entscheidungen kosten Kraft und binden Energie. Das kann man schon im Kleinen erleben, wenn man zum Beispiel auf der Suche nach einem bestimmten Produkt im Internet ist und möglichst den besten Preis erwischen möchte, den es wohl nie geben wird: Man verliert sich beim Suchen und findet dadurch kein Ende; man bleibt an den Suchvorgang gebunden, surft immer wieder aufs Neue los auf der Suche nach dem besten Angebot und verliert viel Zeit. Nicht selten macht sich Ärger breit und verdirbt einem die Freude auf die Neuanschaffung. Sich alles offen zu lassen, um nichts zu verpassen oder auf das vermeintlich Beste zu warten, führt genau zum Gegenteil: Man verpasst den Augenblick, das Gute im Moment, oder man verliert Zeit und damit das Beste, was uns zur Verfügung steht.

Frankl ging allerdings noch weiter. Er meinte, dass wir unser Menschsein letztlich verleugneten, wenn wir uns um Entscheidungen herumdrückten.[18] Offene Entscheidungen sind wie Kriechstrom: Sie führen zu Folgekosten – oftmals subtil und unbemerkt. Sie können letztlich über Unzufriedenheit und Sinnlosigkeitserleben zu Burn-out und Depression führen.

Herr M. stand zwischen zwei Frauen. Er könne sich noch nicht entscheiden, seine Ehefrau endgültig zu verlassen. Auf seine Freundin könne er aber genauso wenig verzichten. So führte er ein Doppelleben, bei dem er genau darauf achten musste, was er wo sagte, wo er sein Smartphone hinlegte und ob es auf stumm geschaltet war. Seine Gedanken kreisen um die Ausgestaltung seiner Tage und um möglichst plausible Ausreden. Schlafstörungen und eine zunehmende Erschöpfung führten ihn schließlich in die Psychotherapie. Hier thematisierte er irgendwann auch, dass er schon an Selbstmord gedacht habe, um dem unerträglichen Versteckspiel ein Ende zu bereiten.

Ich wies ihn darauf hin, dass Selbstmordgedanken oftmals einen Veränderungsimpuls darstellten und nicht bedeuteten, dass man selbst von der Bühne abtreten, sondern die Bühne verändern sollte. Dass es darum ginge, Entscheidungen für etwas und nicht gegen sich selbst zu treffen.

Getroffene Entscheidungen hingegen machen uns zu Persönlichkeiten, weil sie unsere Lebenssignatur entstehen lassen und weil sie Zukunft eröffnen. »Alle Entscheidung ist Selbstentscheidung, und Selbstentscheidung ist allemal Selbstgestaltung. Während ich das Schicksal gestalte, gestaltet die Person, die ich bin, den Charakter, den ich habe, – gestaltet ›sich‹ die Persönlichkeit, die ich werde.«[19] Vielleicht ist es beruhigend, sich klarzumachen, dass es *den* Lebensweg und *die* Entscheidung nicht gibt. Wir sind als Menschen dazu in der Lage, unser Leben zu gestalten. Dafür sind nicht optimale Bedingungen nötig, das zeigt die Resilienzforschung, sondern Akzeptanz von Unveränderbarem und Gestaltungswillen von Möglichem. So kommt es nicht selten vor, dass Menschen aus Schwierigkeiten etwas Besonderes entwickelt haben. Und selbstverständlich hätte sich keiner diese Schwierigkeiten vorher freiwillig ausgesucht. Erst recht brauchen wir deswegen keine Angst vor

Entscheidungen zu haben, die weniger existenziell sind. Vielleicht macht es irgendwann sogar Freude, das eine zu tun und das andere zu lassen. Auf jeden Fall bauen wir so an unserer Zukunft.

Ohne dieses Entwicklungspotenzial auf eine Zukunft, die ich durch meine jeweiligen Entscheidungen gestalte, wird das Leben zur Kümmerexistenz. Das Paradoxe ist, dass Unverbindlichkeit und Unentschiedenheit genau das zu verhindern meinen, was dann allerdings passiert. Indem auf das vermeintlich Bessere, Optimalere – ganz egal, ob es sich dabei um eine neue Kamera oder den Lebenspartner handelt – gewartet wird. Entscheidungen eröffnen Räume und ermöglichen dadurch Wachstum. Rainer Maria Rilke drückt das auf seine unnachahmliche Art so aus:

> Ich lebe mein Leben in wachsenden Ringen,
> die sich über die Dinge ziehn.
> Ich werde den letzten vielleicht nicht vollbringen,
> aber versuchen will ich ihn.

Genau um dieses permanente Versuchen geht es. Fehler dürfen, ja, werden dabei passieren. Das ist menschlich und normal. Aus ihnen können wir lernen. Aus Angst vor Fehlern gar nicht loszugehen, blockiert das Leben. Martin Buber hat das einmal so formuliert: »Wo keine Teilnahme ist, ist keine Wirklichkeit.«[20] Teilnahme bedeutet, mit dem Leben in Beziehung zu treten, auf die Fragen der Stunde zu antworten und die Herausforderungen des Augenblicks mit uns und unserem Potenzial in Einklang zu bringen. Denn es geht letztlich ja darum, dass wir das *ent-wickeln*, was uns ganz persönlich ausmacht. Das passiert immer im Austausch, weil wir soziale Wesen sind. Dazu passt die Fortsetzung des obigen Buber-Zitats: »Die Teilnahme ist umso vollkommener, je unmittelbarer die Berührung des Du ist.«[21]

Entscheidungen bedeuten also immer Verzicht, Entscheidungen gehören zum Leben dazu wie das Atmen. Das kann uns ermutigen, das Thema Verzicht nochmals von einer ganz anderen Seite zu sehen: Als Grundbedingung des Lebens, als Dünger für ein lebendiges Leben und als Lebenselixier schlechthin. Die nicht getroffenen Entscheidungen wird man am Ende des Lebens mehr bereuen als die vielleicht vorschnellen oder vermeintlich falschen. Sie könnten beim Warten auf das noch Bessere oder gar Optimale das Leben abwürgen. Selbstverständlich kann es solche Weggabelungen geben, an denen ich rückblickend besser einen anderen Weg eingeschlagen hätte. Aber erstens lässt sich das rückblickend leichter sagen und zweitens weiß niemand im Ernst, wohin der andere, vermeintlich bessere Weg, geführt hätte.

Samuel Koch hat einmal gesagt, man könne auf vielerlei Weise glücklich und unglücklich werden. Unentschiedenheit jedenfalls macht oftmals unglücklich, Entscheidungen, mit denen ich mich verbinde und zu denen ich dann verpflichtend stehe, haben das Versprechen eines sinnerfüllten und zufriedenen Lebens im Gepäck.

Welche Erfahrungen haben Sie mit Entscheidungen gemacht? Welche fallen Ihnen leicht, welche schwer? Woran liegt das? Wenn Sie aus der Gegenwart auf wichtige Entscheidungen zurückblicken, wie bedeutsam empfinden Sie diese dann heute? Wie entscheidend war das Abwägen? Wie viel Zeit haben Sie dafür investiert und wie passend bewerten Sie heute den inneren Einsatz dafür? Gibt es Entscheidungen, die Sie heute bereuen? Sind das eher nicht getroffene oder getroffene?

Vorfahrt für das Leben
Verzicht auf Anspruchsdenken

> *Was hier not tut, ist eine Wendung in der ganzen Fragestellung nach dem Sinn des Lebens: Wir müssen lernen und die verzweifelnden Menschen lehren, dass es eigentlich nie und nimmer darauf ankommt, was wir vom Leben noch zu erwarten haben, vielmehr lediglich darauf: was das Leben von uns erwartet!*
> Viktor Frankl

Nicht wir sind es, die dem Leben unsere Fragen stellen und unsere Vorstellungen diktieren, sondern umgekehrt: Das Leben stellt uns die Fragen, oder noch zugespitzter, stellt uns infrage. Frankl nannte das die kopernikanische Wende, weil sie unsere Einstellung zum Leben radikal auf den Kopf stellt. Bei genauerer Betrachtung hat er recht. Denn dieser Perspektivwechsel beginnt schon mit unserer Zeugung, für die wir uns nicht aktiv entschieden haben. Und so verhält es sich im Leben immer wieder. Wir können uns unser Elternhaus und die Umgebungsbedingungen unserer Kindheit und Jugend nicht aussuchen, wir können genauso wenig beeinflussen, ob und wann liebgewonnene Menschen von uns gehen. Was wir allerdings können, ja, eigentlich müssen, ist, uns darauf in unserer ganz persönlichen Art und Weise einzustellen, daraus etwas zu machen.

Frankl verstand diesen Perspektivwechsel aber noch wesentlich radikaler. Er meinte, dass das Leben uns in jedem Moment vor die Frage stellt: Was willst du jetzt mit mir, dem Augenblick, machen? Damit ist ein deutlicher Verzicht auf Ansprüche und Erwartungen verbunden. Natürlich haben wir die. Und sie sind oft genug die Quelle von Unzufriedenheit und anderen schlechten Gefühlen: »Ich hatte mich so auf Sonnenschein für mein Geburtstagswochenende gefreut, das ist so gemein.« Ist es das wirklich? Woher nehme ich den Anspruch, dass das Wetter sich gefälligst nach mir zu richten hat? Schauen Sie einmal genauer auf die vielen kleinen Erwartungsmomente Ihres Alltags. Und auf die Gefühle, die durch die enttäuschten Erwartungen ausgelöst werden.

Wir würden offensichtlich eine Menge gewinnen, wenn wir öfter zu einer neugierig offenen Haltung gegenüber dem lebendigen Moment der Gegenwart gelangen würden. Was ist jetzt von mir gefragt? Wie sieht meine persönliche Antwort darauf aus? Frankl bezeichnete die jeweils persönliche Antwort als Sinn. Er meinte damit nichts Großes, aber etwas sehr Persönliches. Wenn ich mich gefragt und zu einer eigenen Antwort herausgefordert erlebe, dann bin ich wichtig, dann kommt es auf mich an, dann habe ich Gestaltungsspielraum. Das ist Selbstwirksamkeit, von der wir wissen, dass sie für ein erfülltes, sinnvolles Leben bedeutsam ist.

Bleiben wir noch kurz bei Frankl und seiner Biografie. Als Jude wurde er 1943 in insgesamt vier Konzentrationslager verschleppt, unter anderem auch nach Auschwitz. Seine Ursprungsfamilie und seine erste Ehefrau starben dort, er selbst überlebte nur knapp. Und was machte Frankl daraus? Kein Wort der Anklage, nie sprach er von einer Kollektivschuld der Deutschen, vielmehr richtete er den Blick nach vorn. Er schrieb sein bis heute beeindruckendes Buch ... *trotzdem Ja zum Leben sagen* und entwickelte die bei seiner Verhaftung schon konzipierte neue Psychotherapierichtung der Logotherapie und Existenzanalyse. Frankl wurde mit der Einführung von Sinn und Werten in die Psychotherapie weltweit bekannt.

Wir können aber genauso gut in die Gegenwart springen. Samuel Koch zeigt mit seiner Herangehensweise an sein Schicksal etwas sehr Ähnliches wie Frankl: eine persönliche Antwort auf das Schicksal, das sich beide sicherlich ganz anders vorgestellt hatten. Es gibt zahlreiche große Beispiele für diese Lebenseinstellung. Vor allem aber gibt es unzählige alltägliche Situationen, in denen wir an dieser Haltung arbeiten können. Denn Arbeit ist es durchaus, wenn man sich von seinen Wünschen und Erwartungen verabschieden muss, weil das Leben dazwischengekommen ist. Es lohnt sich, wie wir bei Frankl, Mandela, Koch und vielen anderen sehen können.

Immer wieder werden wir Menschen Opfer von etwas, dabei kann es sich um Kleinigkeiten des Alltags oder um gravierende lebensverändernde Ereignisse handeln. Verständlicherweise suchen wir dann nach einem gerechten Ausgleich oder einer Entschädigung. Oft genug gibt es diese aber nicht. Vor allem dann nicht, wenn es um die vielfältigen Schatten der Kindheit[22] geht, um das, was uns in unserer Kindheit beabsichtigt zugefügt wurde oder unbeabsichtigt geschehen ist. So müssen wir die Suppe auslöffeln, die andere uns eingebrockt haben. Das ist ungerecht und gleichzeitig nicht zu ändern. Wenn wir dann daran festhalten, dass es für dieses Unrecht einen gerechten Ausgleich von wem auch immer geben müsse, verharren wir in der Opferrolle. Noch einmal: Es ist menschlich und allzu verständlich, darauf zu hoffen. Doch gerade, wenn es sich um die Ursprungsfamilie handelt, meist vergebene Liebesmüh. Darauf bin ich an anderer Stelle ausführlich eingegangen.[23]

Aus der Resilienzforschung wissen wir, dass seelische Gesundheit viel damit zu tun hat, diese Opferrolle zu verlassen. Warum? Weil uns das wieder zu Handelnden und Gestaltern unseres Lebens werden lässt. Das hat viel mit Akzeptanz zu tun: sich mit dem Unabänderlichen abzufinden und vielleicht sogar auszusöhnen, was keinesfalls heißt, das geschehene Unrecht gutzuheißen oder die Täter zu entlasten. Gleichzeitig, und das mag zunächst paradox klingen, verlieren die Täter dadurch ihre Macht über uns. Warum? Weil ich mich durch die Verantwortungsübernahme für mein Leben im Hier und Jetzt aus dem Bannkreis des Täters entferne. Solange ich anklage, bleibe ich gebunden. Das gilt in der Regel auch für langwierige juristische Verfahren.

Wenn ich anfange, aus den Zitronen Limonade zu machen, sind die Zitronen immer noch sauer, aber ich nutze sie für etwas anderes. Ich gestalte daraus mein persönliches Leben. Zu dem gehört immer die Vergangenheit, aber sie bestimmt dann nicht mehr alles. Oder frei nach dem amerikanischen Schriftsteller Mark Twain: »Narben erinnern uns an das Erlebte, aber sie definieren nicht unsere Zukunft.«

Wenn ich mich auf die hier beschriebene Weise dem Leben mit seinen Anfragen und Herausforderungen stelle, verzichte ich auf ein Anspruchsdenken, das mir viel Energie rauben kann. Solange ich an Ansprüchen kleben bleibe, habe ich den Kopf nicht für das frei, was der jeweils lebendige Moment gerade bietet. Dennoch scheint mir das Anspruchsdenken immer mehr um sich zu greifen. Anspruch darauf, dass die Krankenversicherung doch bitte alles zahlen möge, weil ich ja seit Jahren meine Beiträge zahle; Anspruch darauf, dass ich in einer Warteschlange bevorzugt aufrücken kann, weil es mir so schlecht geht; Anspruch, dass im Zweifelsfall der Staat für alles einspringt; Anspruch auf die Durchsetzung meiner Meinung.

Leben in Gemeinschaft funktioniert so nicht. Die Fähigkeit zum Dialog und Kompromiss zeichnet ein gelingendes Miteinander aus. Dazu gehört eben auch, die eigenen Ansprüche und Erwartungen zurückstellen und relativieren zu können. »Das steht mir aber zu«, kennt das Leben nicht. Sondern: »So ist es jetzt – was machst du draus?« Wer sich damit beizeiten anfreundet, hat Vorteile. Wie beim Autofahren finde ich mich rascher zurecht, wenn ich die Regeln und Verkehrszeichen kenne.

Interessanterweise fokussieren mehrere Psychotherapiemethoden der sogenannten dritten Welle der Verhaltenstherapie auf die Akzeptanz von Gegebenheiten (Achtsamkeitsansätze, Dialektisch-Behaviorale Therapie der Borderlinestörung – DBT, Acceptance and Commitment Therapie – ACT). Es handelt sich dabei um die modernsten Entwicklungen der Verhaltenstherapie, die sich großer Beliebtheit und erwiesener Erfolge erfreuen. Nicht zufällig haben gerade diese Methoden sich aktuell besonders entwickelt. Man könnte sie auch als eine Art Antwort auf eine Krankheit der Gegenwart verstehen – die »Anspruchsdenkeritis«.

Was könnte ich gewinnen, wenn ich nicht das letzte Wort behalten, wenn ich mit meinen Argumenten nicht möglichst viele überzeugen müsste und dadurch immer wieder in Auseinandersetzungen geraten würde? Recht behalten zu wollen, erzeugt Folgekosten. Denn es entfernt mich vom anderen oder sorgt sogar für Entfremdung. Manchmal derart, dass eine Trennung unausweichlich wird. Leider trifft dies besonders häufig die nahen Beziehungen. Außerdem kosten solche kämpferischen Auseinandersetzungen Kraft und Energie, weil sie, wie schon der Name verrät, im sympathikotonen Kampfmodus geführt werden. Der Preis ist hoch. Lohnt der sich – nur um das letzte Wort zu behalten? Wenn ich das gegenwärtig mit Ja beantworten kann, würde es auch noch morgen, in einem Monat oder in einem Jahr gelten?

Überprüfen Sie einmal Ihre täglichen Dialoge daraufhin – und beziehen Sie auch und gerade die vielen inneren

Dialoge mit ein. Wie oft werten wir hierin Menschen (z.B. Politiker) und Ereignisse (z.B. Zugverspätungen) ab. Solche Gedanken färben auf uns ab, das zeigen die Priming- und Hirnforschung. Sie belegen, dass sich unser Gehirn, und damit unser Fühlen, Denken und Handeln, in Richtung der Aktivierung bewegt. Abwertende Gedanken erhöhen die Wahrscheinlichkeit von Feindseligkeit, Rechthaberei und emotionaler Distanz. Dass man sich damit nicht gut fühlen kann, leuchtet ein. Vermutlich sucht man deswegen in den sogenannten sozialen Netzwerken nach Unterstützern für die eigene Denkweise. Die Zunahme von Hassbotschaften könnte eine fatale Folge sein. Und was denjenigen, die sich auf diese Weise austauschen, nicht klar ist: Die eigene Einsamkeit wird damit nicht wirklich überwunden.

Wenn wir auf das Rechthaben-Wollen und die inneren und äußeren Auseinandersetzungen verzichten würden, würden wir eine Menge gewinnen: Bessere Beziehungen, freudvollere Gefühle, mehr Nähe und Entspanntheit.

Welche Erfahrungen haben Sie damit gemacht, einerseits Ihre Ansprüche durchzusetzen, andererseits auf sie zu verzichten? Wie verändert sich die Sichtweise darauf im Laufe der Zeit? Was löst der Perspektivenwechsel bei Ihnen aus, dem Leben und damit den täglichen Herausforderungen gegenüber der oder die Gefragte zu sein und nicht der Anspruchssteller? Welche Erfahrungen haben Sie mit der Akzeptanz von unveränderbarem Unrecht gemacht? Führt das Akzeptieren von unveränderbaren Herausforderungen zu Gelassenheit? Wie lange dauert das – Stunden, Tage, Monate, Jahre? Haben Sie schon einmal erlebt, wie es ist, die eigene Meinung loszulassen und die des Gegenübers ein- und vielleicht sogar zu übernehmen?

Verzicht in der Krise
Wenn wir plötzlich verzichten müssen

> *Probleme kann man niemals mit derselben Denkweise lösen,*
> *durch die sie entstanden sind.*
> Albert Einstein

Plötzlich ist sie da – die Krise. Spätestens seit März 2020 befindet sich die Welt im Rückwärtsgang. Schneller als alle es je für möglich gehalten hätten, kommt fast das gesamte öffentliche Leben zum Stillstand. Und was vielleicht noch verwunderlicher erscheint: das Gleiche gilt auch für die Wirtschaft, der sonst immer Vorrang eingeräumt wurde. Ein Corona-Virus, vermutlich aus dem fernen China, hat all dies aufgelöst. Die Ausmaße sind gigantisch: Ausgangsbeschränkungen in fast allen Ländern der Welt, Abbruch von Lieferketten, die unentbehrlich und für die Ewigkeit gemacht schienen, das Erliegen fast des gesamten Luftverkehrs, Abertausende wirtschaftlich gefährdete Existenzen und selbstverständlich auch gravierende gesundheitliche Folgen. Letztere beziehen sich bei weitem nicht nur auf Covid-19, also auf die direkten Auswirkungen des neuartigen Erregers, sondern auch auf die unzähligen Begleiterscheinungen durch nicht durchgeführte, aber dennoch dringende notwendige Operationen und weitere medizinische Behandlungen, weil Menschen sich aus Angst vor Ansteckung nicht in Krankenhäuser und Arztpraxen begeben.

Genauso gravierend sind die psychosozialen Folgen. Einerseits können die Quarantäne-Maßnahmen wie Trigger wirken, weil Isolation, Einsamkeit, Kontaktabbrüche und beschränkte Hilfeangebote oftmals an traumatische Erfahrungen in der persönlichen Biografie erinnern können. Andererseits bleibt vielen der Zugang zu hilfreichen Anlaufstellen deswegen versperrt, weil diese nur noch telefonisch oder gar nicht mehr erreichbar sind. Und nicht zuletzt wächst durch die Ausgangsbeschränkungen die Gefahr von häuslicher Gewalt in all ihren furchtbaren Facetten, weil Menschen sich nicht mehr aus dem Weg gehen können und ungewohnt viel Zeit miteinander verbringen, was durchaus Nährboden für Konflikte darstellt. Diejenigen, die schon vor der Krise Opfer von Gewalt und Übergriffen waren, sind ihren Tätern nun noch ungeschützter ausgeliefert. Und wohin mit all denjenigen, die gar nicht wirklich verstehen, was da gerade um sie herum passiert? Die vielen Demenzkranken, die Menschen mit geistigen Behinderungen, oder die durch eine akute Psychose den Bezug zur Realität zum Teil verloren haben? Schließlich leiden und sterben durch die beschlossenen Kontaktbeschränkungen täglich unzählige Menschen alleine. Das ist inhuman, weil Nähe und Zugehörigkeit wesentliche menschliche Grundbedürfnisse sind, die wir nicht ohne Folgen längere Zeit entbehren können.

Wir spüren, wie verletzlich unser Leben eigentlich ist. Vermeintlich unumstößliche Gegebenheiten verlieren von einem Tag auf den anderen ihre Gültigkeit. Dazu gehört die weltweite Reisefreiheit genauso wie das tröstliche gemeinsame Zusammenkommen, zum Beispiel im Freundeskreis oder unter dem Dach einer Kirche. Plötzlich ist man schon froh, wenn man noch eine Busverbindung durch Deutschland ergattert und für einen Spaziergang in den Park gehen kann. Das Selbstverständliche wird zum besonderen Ereignis.

Aber auch die gesundheitliche Verletzbarkeit zeigt sich deutlicher denn je. Der Tod bekommt plötzlich ein Gesicht. Es wird nicht mehr im fernen Syrien oder an anderen entfernten Orten der Welt gestorben, sondern nebenan im Elsass oder in unserem geliebten Urlaubsland Italien, um nur zwei Beispiele zu nennen. Vielleicht wird es bald so sein, dass jeder irgendjemanden kennt, der an Covid-19 gestorben ist. Das ist traurig und für alle Betroffenen leidvoll. Es birgt allerdings die Chance, unserer Endlichkeit ins Gesicht zu schauen und uns ernsthaft die Frage zu stellen, ob wir angesichts der Kostbarkeit und der eingeschränkten Verfügbarkeit unseres Lebens so weiterleben wollen wie bisher.

Und noch etwas geschieht fast selbstverständlich: Tod und Sterben werden zu gesellschaftlichen Themen. Man spricht über das, was sonst im Verborgenen stattfindet, weil es immer noch ein Tabu ist. Plötzlich wird klar, dass der Tod immer schon ein fester, unumstößlicher Bestandteil des Lebens war und ist. Darin liegt eine riesige Chance, denn nicht umsonst haben zahlreiche philosophische und religiöse Traditionen bereits seit Jahrtausenden auf dieses »Memento mori« (bedenke, dass du sterben musst) hingewiesen. Der Tod kann und soll hier zum Lehrmeister des Lebens werden. Wenn mein Leben endlich ist, wenn es auch mich schon morgen treffen kann, was will ich dann nicht verschieben, was ist mir dann wirklich wichtig, was würde ich dann heute schon anders machen. Das öffentliche Sterben in Coronazeiten stößt die Tür zu diesen Fragen weit auf, so weit, dass man schlechter als sonst darüber hinweggehen kann. Und das ist gut so.

So werden bereits nach kürzester Zeit auch die Chancen dieser Krise sichtbar. Und das sind zahlreiche: Plötzlich wird das Arbeiten im Homeoffice in großem Stil ermöglicht, was noch vor wenigen Monaten von vielen Firmen aus unterschiedlichen Gründen abgelehnt wurde. Videokonferenzen finden aller Orten statt und machen die vielen Dienstreisen entbehrlich. Menschen entdecken ein Stück mehr Langsamkeit und spüren, wie entspannend es sein kann, nicht von Termin zu Termin zu hetzen. Und damit ist auch und gerade der vielfältige Freizeitstress gemeint. Manch einer entdeckt das Kochen wieder und schmeckt vielleicht die Frische von Lebensmitteln, die nun mit etwas mehr Zeit selber zubereitet werden. Hefe ist kaum mehr zu bekommen. Wenn nur die Hälfte der momentan gekauften Hefe tatsächlich verbacken wird, ist damit ein riesiger Zugewinn an kreativer Erfahrung verbunden. Und Erfahrungen, die wir einmal gemacht haben, sind ab da in der Welt und wir können auf sie jederzeit wieder zurückgreifen.

Schon jetzt sprechen sich viele Menschen in verantwortlichen Positionen dafür aus, Dienstreisen in Zukunft auf das Nötigste zu begrenzen und viel mehr auf Video- und Telefonkonferenzen zu setzen. Gleiches gilt für das Homeoffice. All das spart nicht nur Zeit, es entlastet auch die Umwelt. Die Arbeitstage können kürzer werden, weil ich schon da bin, wohin ich sonst erst wieder, oft mühsam und langwierig, zurückkehren müsste. Warum nicht beim Radfahren bleiben oder häufiger einen ausführlichen Spaziergang machen, wenn mir das in Zeiten der Ausgangsbeschränkung gutgetan hat? Und noch viel wichtiger: Die Erfahrung von Zusammengehörigkeit, und zwar mit allen menschlichen Wesen. Noch nie war dieses Gefühl greifbarer, spürbarer und weniger abstrakt als in dieser Krise.

Ich selbst habe die schöne Erfahrung gemacht, dass durchaus einiges, wenn auch auf andere Weise weitergehen kann. So verschickt meine Yogalehrerin Übungsvideos, die es mir ermöglichen, zeitlich flexibel eine Yogastunde zu nehmen. Gleichzeitig gibt es kein Verfallsdatum, weil das Video auch in einem oder zwei Jahren noch genauso seinen Wert hat. Unser Chorleiter verschickt Podcasts und hat mir durch seine Erklärungen zu den Stücken ein tieferes Verständnis für das Gesungene verschafft, für das während einer normalen Chorprobe fast nie Zeit ist. Gleichzeitig kann ich all das jederzeit mit anderen teilen.

Und noch etwas verändert sich: Die Wertschätzung für bestimmte Berufsgruppen wie Alten- und Krankenpflegende, Kraftfahrer, Einzelhändler, Bauern, Laborantinnen und viele mehr, für die man sonst kein Dankeschön übrighatte. Die Berufsgruppe der Ärzte habe ich hier bewusst ausgenommen. Sie leisten selbstverständlich Großartiges, haben dafür aber auch bisher sicherlich am meisten Beachtung erfahren. Friedrich Hölderlin hatte von all dem schon eine Ahnung, wenn er schreibt: »Wo Gefahr ist, wächst das Rettende auch.«

Wenn wir ungewollt verzichten müssen, unterscheidet sich das sehr vom freiwilligen Verzicht. Schnell können Ärger und Unmut, aber auch unterschiedliche Ängste, Ungewissheiten und Befürchtungen ausgelöst werden. Das ist normal! Verurteilen Sie sich also nicht dafür, wenn Sie solche Gefühle haben oder hatten. Unser Gehirn aktiviert in solchen Situationen unsere Überlebensmuster von Flucht, Kampf oder Sich-Totstellen. Fluchtmechanismen könnten sich im Überspielen und Nicht-ernst-Nehmen der unangenehmen Gefühle zeigen, Kampfreaktionen äußern sich typischerweise in Aggression, Ärger und Wut. Der Totstellreflex zeigt sich häufig in jeder Form von Betäubung, zum Beispiel durch den Konsum von Suchtmitteln, genauso allerdings auch im Wegdriften, wenn man nicht mehr wirklich anwesend ist oder Verbindung und Zugehörigkeit verloren geht.

Belastende Gefühle sind also Bestandteil einer solch existenziellen Krise. Wenn ich sie mit einer Haltung von freundlichem Gewähren zunächst einfach nur sein lasse, tritt bereits Entspannung ein. Gleichzeitig sind solche Gefühle auch Ausdruck meines gut funktionierenden Überlebensinstinkts. Was würde sich ändern, wenn ich mich dafür bei meiner offensichtlich gut funktionierenden Alarmzentrale bedankte? Wir würden ja auch die Feuerwehr nicht beschimpfen, wenn sie durch einen aktivierten Rauchmelder ausrückt, der versehentlich durch ein Streichholz ausgelöst wurde. Der Rettungsmechanismus hat bestens funktioniert, auch wenn es sich um einen Fehlalarm oder um einen von mir selbst rasch wieder gelöschten Brandherd handelte. Hinterher ist man sowieso immer schlauer, deswegen muss eine Manöverkritik aus dieser Perspektive mit viel Wohlwollen, Respekt vor dem Geleisteten und Dankbarkeit fürs Überleben getragen sein.

Angst macht zunächst eng. Das ist ihr Wesen, das ist normal. Und Angst will uns schützen vor Bedrohung und Gefahr. Dabei übertreibt sie, damit wir möglichst schnell handeln. Dieses Verhaltensrepertoire verdanken wir der Evolution. Hätten wir es nicht erlernt, wir hätten in den feindlichen Umwelten in den vergangenen circa 300.000 Jahren Menschheitsentwicklung nicht überlebt. Dabei muss uns allerdings klar sein, dass unser Gehirn hierfür besonders gute Verstärkerqualitäten entwickelt hat, die die Angst deutlich vergrößern. Wir brauchen also unseren Verstand, der hier gegensteuern hilft. Und wir benötigen aktives Handeln, das immer schon Angst zu bändigen vermochte. Das sprichwörtliche Pfeifen im Wald weist darauf hin. Dort wo ich ins Handeln komme, verliert Angst an Enge und Lähmung.

Mut, Kreativität, Solidarität und gemeinschaftliche Verbundenheit sind Wege aus dieser Lähmung. Abgrenzung wird nicht helfen, sie macht eng. Wenn wir die vielen Möglichkeiten des Miteinanders auf lokaler und regionaler Ebene wiederentdecken, und das hat in der Krise bereits sehr schnell begonnen, kann die Corona-Pandemie uns näher zueinander bringen als zuvor: Weil Beziehungen, die neu geknüpft werden, weitergehen können, weil neue Formen der Arbeit sich als klug und effektiv erwiesen haben, weil die Natur in ihrem schier unerschöpflichen Reichtum einen hoffentlich bleibenden Wert erfährt, weil die Wertschätzung für viele Berufe bleibt und weil die Entschleunigung zu einer Erfahrung geworden ist, die man selbst kennengelernt hat und die man nicht mehr aufgeben möchte.

Meist verweisen heftige Gefühle auf bereits bekannte Themen, die sich aus der eigenen Biografie herleiten und erklären. Sie wurden durch die Corona-Krise also »nur« ausgelöst und nicht etwa verursacht! Werde ich von Gefühlen überflutet, lohnt sich stets die Frage, welchen Anteil die gegenwärtige Situation daran hat und wie groß der Anteil ist, der sich auf Vergangenes bezieht. Die Krise gleicht einer Sturmflut, die so manches Treibgut an den Strand spült. Darin liegt die Chance der Bewältigung. Denn was jetzt hochkommt, kann von mir angeschaut und dann, vielleicht auch mit Unterstützung, verändert und bewältigt werden. Der Gefühlsrucksack wird dadurch leichter, Glaubenssätze und Grundüberzeugungen können hinterfragt und verwandelt werden.

Mancher Verzicht, der vor der Krise noch undenkbar erschien, gelang und hatte vielleicht sogar Positives im Gepäck. Und erstaunt stellen wir im Rückblick fest, mit wie wenig wir glücklich und zufrieden sein konnten und es weiterhin sein können. Der Wert eines Spaziergangs in der Natur bleibt ein Geschenk und, wenn wir wollen, ein Fest für die Sinne. Wenn wir uns die Dankbarkeit dafür bewahren, die mir persönlich mitten in den Ausgangsbeschränkungen immer wieder durch Herz und Kopf ging, dann bewahren wir etwas Großes, nämlich die Fähigkeit von Dankbarkeit im vermeintlich Kleinen und Unbedeutendem des Alltags. Warum diese Art der Dankbarkeit so hilfreich, gesund und stressausgleichend ist, habe ich in diesem Buch in einem eigenen Kapitel beschrieben.

In der Corona-Krise konnten vermutlich sehr viele Menschen erfahren, wie bedeutsam das Unscheinbare und vermeintlich Kleine in Wirklichkeit ist: ein Telefonanruf, ein Spaziergang, ein Nachbarschaftsplausch, Lebensmittel, die Natur an sich und vieles mehr. Wenn wir die Wertschätzung dafür bewahren, haben wir schon sehr viel gewonnen. Vielleicht hat sich durch diese Erfahrung unser Horizont verändert, sodass wir gar nicht mehr so sehr in die Ferne aufbrechen müssen, um unser Glück zu finden. Wenn unsere Ansprüche sinken, kann vieles leichter und einfacher werden. Dies gelingt dann, wenn wir uns bewusst machen, was wir alles haben trotz der Krise. Darin steckt ein großes Potenzial, darin steckt Reichtum, den uns ein Coronavirus nicht nehmen kann.

In Deutschland haben wir mitten in der Krise noch etwas anderes erlebt, nämlich einen handlungsfähigen und anpackenden Staat, der rasch auf vielen Ebenen Unterstützung zusagt und anbietet. Natürlich werden dabei Fehler gemacht und Einzelne übersehen, das kann bei einer Krise dieses Ausmaßes nicht ausbleiben. Und natürlich lässt sich immer über verschiedene Schritte streiten. Aber gleichzeitig sind die bereitgestellten Hilfen historisch. Es lohnt sich immer wieder, auch darauf den Blick zu richten, am besten mit einem Gefühl von Dankbarkeit dafür, jetzt hier und nicht in Afrika oder Südamerika zu leben, wo kein Staat über derartige finanzielle Mittel verfügt. Ich mag mir nicht vorstellen, wie eine populistische Regierung mit dieser Krise bei uns umgehen würde. Der Blick zum Beispiel nach Brasilien zeigt dies eindrücklich. Vielmehr finde ich es beeindruckend, wie es der deutschen Politik in weiten Teilen gelingt, an einem Strang zu ziehen. Unsere Demokratie zeigt sich von einer starken Seite, auch weil offen über die Schritte aus der Krise gesprochen wird – durchaus auch kontrovers. Dafür bin ich sehr dankbar.

Soziale Distanzierung, ein Begriff, den vor der Krise vermutlich nur die Virologen kannten, stellt auch einen solchen ungewollten Verzicht dar. Und auch wenn wir Deutsche sicherlich ein anderes Nähebedürfnis haben als beispielsweise die indische Kultur, so merken wir an allen Ecken und Enden, wo uns diese körperliche Nähe fehlt. Gleichzeitig lernen wir, dass wir uns über Telefongespräche, E-Mails, Balkongespräche etc. sehr verbunden fühlen können und dass mancherorts sogar eine neue Form von Vertrautheit und Nähe entstehen kann, die wir ohne den unfreiwilligen Verzicht nicht erlebt hätten. Wir sollten deswegen auch eher von »körperlicher«, statt von sozialer Distanzierung sprechen, denn vieles im sozialen Miteinander ist von der verordneten Distanzierung gar nicht betroffen.

Wenn es uns gelingt, über den Horizont der Angst hinauszudenken, stellen wir fest, dass sehr viel Gutes bleibt und durch das Coronavirus überhaupt nicht bedroht ist. Immaterielle Werte erweisen sich plötzlich als gut verzinstes Guthaben, das in der Krise sogar zugelegt hat. Unser Immunsystem hat sich als belastbarer herausgestellt als befürchtet. Und damit bewiesen, dass es leisten kann, wofür es sich über Jahrtausende entwickelt hat: die Abwehr von Krankheiten. Und da wir heute wissen, dass Körper und Seele aufs Engste miteinander verschränkt sind, gilt das selbstverständlich auch für die seelische Widerstandskraft, unsere Resilienz.

Es kommt also darauf an, wie wir uns gegenüber dem Unabänderlichen, das wir nicht beeinflussen können, verhalten. Welche Einstellung wir entwickeln und welche persönlichen Antworten wir finden. Hierzu zählt tatkräftiges Handeln genauso wie eine innere Haltung von Akzeptanz und Zustimmung. Das ist deswegen so entscheidend, weil wir dadurch wieder ins Tun – und damit ist eben auch das innere Aktivsein gemeint – kommen und uns darin selbstwirksam erleben.

Selbstwirksamkeit nämlich ist einer der wichtigsten Faktoren für seelische und letztlich auch körperliche Gesundheit. Hierfür gibt es glücklicherweise unzählige Vorbilder von Menschen, die Selbstwirksamkeit unter größten Einschränkungen bewiesen haben. Wo mein eigener Handlungsspielraum liegt, ist die Frage, die ins Zentrum der Selbstwirksamkeit führt.

Viktor Frankl, der unter denkbar großen Verlusten vier Konzentrationslager der Nazis überlebte, sprach von der Selbstdistanzierungsfähigkeit des Menschen, die es ihm ermöglichte, trotz Einschränkungen über sich und die gegenwärtige Situation hinauszuwachsen. Ja, wir verdanken gerade dieser Fähigkeit unser tiefstes Menschsein. Denn soweit wir wissen, können nur wir Menschen uns gegenüber den Herausforderungen des Lebens so oder so verhalten. Und genau dadurch werden wir zu Gestaltern unserer Existenz, indem wir dem Leben unseren Stempel aufdrücken.

Das Wort Pandemie kommt aus dem Griechischen und bedeutet »das ganze Volk betreffend«. Dabei kann man das Volk auch durch Menschheit ersetzen. Noch niemals haben wir so eindrücklich erlebt, dass wir tatsächlich alle in einem Boot sitzen. Denn es hilft nichts, wenn wir in Deutschland das Coronavirus beherrschen können, es aber aus einem anderen Land immer wieder aufs Neue »einreist«. Wenn wir zum Beispiel wieder am Mittelmeer Urlaub machen möchten, muss auch dort ein Ausweg gefunden sein. Noch viel mehr gilt dies für mögliche neue Fluchtbewegungen, die ohne eine weltweite Lösung der Pandemie noch viel mehr nach Europa und besonders nach Deutschland führen würden. Eine echte Humanität mit allen ist gefragt, weil eben alles mit allem zusammenhängt, wie wir in dieser Krise unvorstellbar deutlich bemerkt haben. Das hatte

Einstein schon vor bald hundert Jahren sehr weise erkannt: »So sehe ich für den Menschen die einzige Chance darin, dass er zwei Einsichten endlich praktisch beherzigt: dass sein Schicksal mit dem der Mitmenschen in allen Teilen der Erde unlösbar verbunden ist und dass er zur Natur und diese nicht ihm gehört.«

Als ein großes Geschenk der Coronazeit erlebe ich die zunehmende Bedeutung der Natur. Nicht nur schenkte der sonnige Frühling 2020 unzähligen Menschen Hoffnung und Zuversicht – nie sah ich in meinem Quartier mehr Menschen spazieren gehen als zu dieser Zeit –, er zeigte uns gleichzeitig noch viel mehr, nämlich dass jedem noch so langem Winter ein Frühling folgt, dass das Leben immer zurückkehrt, dass alles Graue und Trostlose irgendwann ein Ende findet. Und noch etwas konnte nun jeder trotz aller existenziellen Ängste erleben: Die Natur verlangt für all das nicht einmal Eintritt!

Meine Hoffnung ist deswegen groß, dass wir dem Erhalt unserer Umwelt die notwendige Beachtung schenken, dass wir jetzt erst recht für Klimaschutz und eine lebenswerte Welt für zukünftige Generationen eintreten und endlich begreifen, dass wir die Natur viel dringender brauchen als sie uns.

Corona bietet uns allen eine einmalige Chance. Die Chance unser aller Geschick tatsächlich neu, gestalterisch und solidarisch als Weltgemeinschaft in die Hand zu nehmen. Arundhati Roy formuliert das in eindringlichen Worten: »Nichts wäre schlimmer, als wieder zur Normalität zurückzukehren. In der Geschichte haben Seuchen Menschen gezwungen, mit der Vergangenheit zu brechen und sich ihre Welt neu zu entwerfen. Das ist bei dieser Pandemie nicht anders. Sie ist ein Portal, ein Tor zwischen einer Welt und der nächsten.

Wir können uns entscheiden, hindurchzugehen und dabei die Kadaver unserer Vorurteile und unseres Hasses hinter uns herzuschleppen, unsere Habgier, unsere Datenbanken und toten Ideen, unsere toten Flüsse und verqualmten Himmel. Oder wir können leichten Schrittes hindurchgehen, mit wenig Gepäck, bereit dazu, uns eine andere Welt vorzustellen. Und bereit, für sie zu kämpfen.«[24]

Möge es uns gelingen, die Welt durch diese Krise zu einer besseren zu machen! Je mehr Menschen sich daran beteiligen, desto leichter und schneller wird es gehen. Möge es so kommen, dass wir im Rückblick auf das Jahr 2020 von einem großen Geschenk an die Menschheit sprechen werden!

2. Auf der Spur des WENIGER

Was hat Dankbarkeit mit Verzicht und Lassen zu tun?

*Das Wenigste gerade, das Leiseste,
einer Eidechse Rascheln, ein Hauch, ein Huch, ein Augenblick –
wenig macht die Art des besten Glücks.*
Friedrich Nietzsche

Cicero, einer der berühmtesten Philosophen und politischen Führer der römischen Antike, hält die Dankbarkeit nicht nur für die größte aller Tugenden, sondern sogar für ihren Ursprung, wenn er von ihr als der Mutter aller Tugenden spricht. Er meint damit eine Haltung und Eigenschaft mit Vorbildcharakter, die ethisches Handeln im Sinne eines guten Lebens begründet.

Die Beschäftigung mit Dankbarkeit mag einem vielleicht zunächst verstaubt und altmodisch erscheinen. Das hat sich mittlerweile durch zahlreiche psychologische Studien vollständig verändert. Es scheint, als hätten auch die Psychologie und Psychotherapie die Bedeutung der Dankbarkeit neu entdeckt. Somit schließt sich ein Kreis aus einerseits Jahrtausenden altem Erfahrungswissen und philosophisch-ethischen Überlegungen über das, was ein gutes, erfüllendes Leben ausmacht, und andererseits moderner psychologischer Forschung, die sich für die gleichen Fragen interessiert.

Dankbarkeit geht nach wissenschaftlicher Erkenntnis einher mit einer Steigerung des Wohlbefindens, der körperlichen und seelischen Gesundheit, mit einer Verbesserung von Schlaf, Beziehungsfähigkeit und Beziehungszufriedenheit, mit einem Schutz vor unterschiedlichen psychischen Erkrankungen, mit einer Steigerung des Selbstwertgefühls und mit einer positiven Beeinflussung von Motivation und Verhalten. Wäre all dies in einer Pille zu erhalten, die Menschheit würde sich darauf stürzen, es würde vermutlich zu Versorgungsengpässen kommen und die produzierende Firma würde wohl selbst die Großen der digitalen Wirtschaft mit ihren Umsätzen übertrumpfen. Die gute Botschaft hingegen lautet: Es gibt diese Medizin bereits; und die ist viel besser: Sie ist kostenlos erhältlich!

Praktizierte Dankbarkeit lautet das Zauberwort. Damit meine ich keineswegs, dass Belastungen, Erkrankungen, Leiden und Not ausgeklammert oder beiseitegeschoben werden sollten. Vielmehr geht es darum, trotzdem zu einer Haltung von Dankbarkeit zu finden. Genau dieses Trotzdem scheint mir der Schlüssel zu mehr Zufriedenheit und seelischer Gesundheit zu sein. Das liegt auch daran, dass Dankbarkeit meist noch andere positive Gefühle im Gepäck hat.

Psychotherapeuten empfehlen gerne das Führen eines Freudetagebuchs, um solche positiven Erlebnisse schriftlich festzuhalten. Viele Patienten mit einer ausgeprägten, schweren depressiven Erkrankung, einer komplexen posttraumatischen Belastungsstörung oder anderen gravierenden seelischen Einschränkungen sind dazu krankheitsbedingt allerdings nicht in der Lage. Können sie dann eine solche, ihnen gestellte Aufgabe nicht erfüllen, kann dies zu Beschämung und Versagensgefühlen führen. Das gut gemeinte Ansinnen einer solchen Übung verkehrt sich somit ins Gegenteil. Den Fokus hingegen auf Dankbarkeit zu richten ist auch dann noch möglich, wenn die Stimmung im Keller und Ängste raumgreifend sind.

Besonders wichtig ist in solchen Zeiten die Ausrichtung auf Kleinigkeiten, auf das scheinbar Selbstverständliche und deswegen vermeintlich Unbedeutende. Der Blick auf die eigenen Sinne kann als Einstieg dienen: Was verdanke ich eigentlich meinem Sehen-, Riechen-, Schmecken-, Hören- und Tasten-Können? Jetzt im Moment? Vielleicht mögen Sie kurz innehalten und darüber nachdenken.

Die alltägliche Erfahrung ist, dass erst die Störungen oder Funktionsbeeinträchtigung unserer Sinnesempfindungen ihre Bedeutung aus dem Schatten ins Licht heben. So hat vermutlich jeder schon einmal die Erfahrung gemacht, dass das Essen nicht mehr schmeckt, wenn man von einer heftigen Erkältung heimgesucht wurde. Sobald man wieder gesund ist, nimmt man das Schmecken-Können schon nicht mehr wahr beziehungsweise hält es für selbstverständlich. Tun sie doch einmal so, als wäre es nicht selbstverständlich oder als würden Sie Ihre Sinne zum ersten Mal entdecken. Man kann sein Bewusstsein nicht ständig darauf richten, aber immer wieder.

Eine weitere Dankbarkeitsübung könnte darin bestehen, auf die Aspekte des gemeinschaftlichen täglichen Lebens zu fokussieren, die gut funktionieren und die wir gerade deswegen für selbstverständlich halten. Es gibt so vieles, wovon unser tägliches Leben abhängt. Der Strom aus der Steckdose, das Funktionieren der elektrischen Geräte, des Telefons, der genutzten Fortbewegungsmittel etc. Gerade toben wieder einmal heftige Waldbrände in Kalifornien. Unter anderem werden marode oberirdische Stromleitungen dafür verantwortlich gemacht mit der Konsequenz, dass kurzerhand für Hunderttausende der Strom abgeschaltet wurde – und das in einem der hoch entwickeltsten Länder unseres Planeten. Nichts ist so selbstverständlich, wie es scheint! Spätestens seit Corona ist das für alle offensichtlich. Es macht einen großen Unterschied, wenn ich dafür von Zeit zu Zeit meine Dankbarkeit zum Ausdruck bringe.

Wer einmal in weit entfernten Ländern gereist ist, hat möglicherweise die Erfahrung gemacht, dass es keineswegs selbstverständlich ist, dass ein Transportmittel tatsächlich wie vorgesehen fährt, und dass es schon gar nicht selbstverständlich ist, dass es in der veranschlagten Zeit auch sein Ziel erreicht. Dennoch sind die Menschen dort viel geduldiger und dankbarer als hierzulande. Oder sind Sie in einem Zug schon einmal darüber ins Gespräch gekommen, dass Sie pünktlich ankommen? Hat der Zug Verspätung, ist man sofort mit dem gesamten Abteil im Kontakt!

Auch ist es keineswegs selbstverständlich, dass es Institutionen und Behörden gibt, die sich um vieles kümmern: einen neuen Personalausweis, ein Führungszeugnis, ein Bankkonto, die Abfallentsorgung und Straßenreinigung etc. Das ist in vielen Ländern dieser Erde keineswegs selbstverständlich, genauso wenig ein funktionierendes Gesundheits- und Rettungswesen. Auch hier sehen wir meist auf das, was gerade einmal nicht oder vermeintlich zu langsam funktioniert.

Dankbarkeit lässt sich auch gegenüber der Natur entwickeln, je nach persönlicher Weltanschauung können hierbei auch spirituelle Überzeugungen das Empfinden von Dankbarkeit mitprägen. Aber auch wenn dies nicht der Fall ist, kann man dankbar dafür sein, dass ein Baum an heißen Sommertagen Schatten spendet, ein Wald nach Kühle und Frische duftet oder ein Blumenfeld die Sinne erfreut.

Eine weitere bekannte Übung im Rahmen der Dankbarkeitspraxis ist der dankbare Blick auf alles, was an einer Mahlzeit, die ich gerade zu mir nehme, beteiligt ist. Hierzu zählen Regen und Sonnenschein genauso wie die Bauern, Erntehelfer, Händler, Verkäufer und Köche eines Gerichts. Vielleicht fällt Ihnen noch mehr ein?

Die Haltung der Dankbarkeit erschöpft ihr Potenzial allerdings nicht nur in der Gegenwart, sie lässt sich auch auf

Vergangenes beziehen. Die Frage, welcher Person aus meiner Vergangenheit ich etwas verdanke, was ich ihr noch nie mitgeteilt habe, könnte Anlass für einen Dankesbrief oder ein Dankestelefonat sein. Dabei steht nicht die Reaktion der anderen Person im Mittelpunkt, sondern mein inneres Empfinden, das im jetzigen Moment den Blick auf die Vergangenheit verändert und damit die Vergangenheit selbst ein Stückchen mehr mit Glanz und Licht erfüllt. Weil unser Gehirn immer nur gegenwärtig ist, verändert eine solche Rückschau auch den gegenwärtigen Moment.

Dankbarkeit fokussiert stets auf das, was ist und nicht auf das, was nicht ist. Das Haben und nicht das Soll werden beleuchtet. Zwei Blickrichtungen sind dabei denkbar und schließen sich gegenseitig nicht aus. Der Blick auf das, was mir ohne mein Zutun geschenkt ist und auf das, was ich selbst erreicht und geleistet habe. Solche Dankbarkeitspraxis verzichtet auf den Vergleich mit dem, was noch sein könnte, was mir (vermeintlich) fehlt oder eigentlich zusteht. Dankbarkeit steigt aus dem sozialen Ranking aus. Nicht die anderen und mein vermeintlicher Mangel, sondern ich und meine augenblickliche Fülle stehen im Fokus.

Diese Haltung geht nach vielfältigen wissenschaftlichen Erkenntnissen ganz eindeutig mit mehr körperlicher und seelischer Gesundheit einher. Wie ist das möglich? Weil sie unter anderem dafür sorgt, für Momente oder gerne auch länger mit dem zufrieden zu sein, was jetzt ist, hilft sie uns dabei, aus dem Hamsterrad der Hetze und Selbstoptimierung auszusteigen. Wir können uns selbst und anderen genug sein. Dankbarkeit nimmt uns viel von dem Druck, unter dem wir oft stehen, und spannt gleichsam eine Hängematte für Powernapping und Verschnaufpausen.

Dankbarkeit hilft dabei, sich freundlich und liebevoll mit dem Genug zu verbinden. Neurophysiologisch führt dies dazu, dass wir uns in eine entspannte Haltung hineinbegeben. Sie wird von unserem großen Beruhigungsnerv, dem Parasympathikus, gesteuert. Dessen Aktivierung ist in der gegenwärtigen Zeit der Übersteuerung des Sympathikus nötiger denn je.

Mit der sympathikotonen Übersteuerung befinden wir uns in einem permanenten Kampf- oder Fluchtverhalten, das nicht nur zur Erschöpfung und Burn-out, sondern auch zu den typischen Volkskrankheiten wie Herzinfarkt und Schlaganfall und vielen anderen beiträgt. So mündet die maximale Überforderung nicht selten im Totstellreflex, einem Zustand höchster Anspannung und gleichzeitiger Handlungsunfähigkeit. Da wir dabei die Kontrolle verlieren, geht dieses Erleben mit Hilflosigkeit und Ohnmacht einher und untergräbt damit eines unserer wichtigsten Grundbedürfnisse nach Überblick und Handlungsfähigkeit.

Dankbarkeit stiftet Beziehung. Nicht nur weil geäußerte Dankbarkeit einladend wirkt und mein Gegenüber zu einem ähnlichen Verhalten motiviert, sondern auch weil sie uns mit dem Leben selbst verbindet. Man sollte meinen, dass das selbstverständlich ist. Ist es aber nicht. Das hat auch mit unserem evolutionsbiologischen Erbe zu tun, das uns zu Spezialisten für Gefahren und Probleme gemacht hat. Das können wir, das Gegenteil müssen wir erst lernen!

Sie können die Dankbarkeit in Ihr Leben einladen, indem Sie täglich wenigstens für eine kurze Zeit den Blick darauf richten. Schreiben Sie sich Momente und Eindrücke auf, für die Sie dankbar sind, knipsen Sie »Dankbarkeits-Fotos« oder tauschen Sie sich mit einem nahestehenden Menschen regelmäßig darüber aus, wofür Sie dankbar sind. Tun Sie dies nicht nur im Vorübergehen. Unser Gehirn benötigt 10 bis 15 Sekunden, damit etwas hängen bleibt. Wenn Sie etwas aufschreiben, fotografieren oder jemandem mitteilen, dauert dies in der Regel mindestens so lange. Und beschreiben Sie die konkreten Gründe der Dankbarkeit möglichst genau: »Ich bin dankbar für das gestrige Gespräch mit Kerstin, weil sie mir so gut zugehört hat und mir damit zu verstehen gab, dass ich für sie wichtig bin.«

Probieren Sie es aus und werten Sie die Auswirkungen nach zwei bis vier Wochen aus.

»Dankbarkeit zu fühlen und sie nicht auszudrücken, ist wie ein Geschenk zu verpacken und es nicht zu verschenken.« Dieser wunderbare Satz von Adolphus Ward ermutigt zum konkreten Tun. Daraus lässt sich folgende Idee ableiten: Bedanken Sie sich regelmäßig bei Ihrem Gegenüber, ganz einfach und schlicht. Und achten Sie einmal darauf, in welchen Situationen Sie sich viel besser bedanken könnten, anstatt sich zu entschuldigen, zum Beispiel dafür, dass der oder die andere Ihnen gerade zugehört hat. »Danke, dass du dir für mich Zeit genommen hast«, klingt gänzlich anders als: »Sorry, dass ich dir schon wieder deine wertvolle Zeit gestohlen habe.« Wie soll man darauf gut und einfühlsam antworten? Ein Dankeschön hingegen zaubert ein Lächeln in fast jedes Gesicht!

Dankbarkeit macht Menschen zufriedener. Und Zufriedenheit ist die Essenz eines glücklichen und vor allem erfüllten Lebens, sie ist eine Haltung, die alles durchzieht, gute wie schlechte Tage, Erfolge und Misserfolge, Licht und Schatten. Man ging lange davon aus, dass Zufriedenheit dankbar macht, weil zufriedene Menschen ja Grund genug hätten, dankbar zu sein. Aber es ist genau umgekehrt! In einer Vielzahl von Studien wurden die Probanden zu regelmäßigen Dankbarkeitsübungen im Alltag meist mithilfe eines Dankbarkeitstagebuches aufgefordert. Die Untersuchungen zeigten: Wer bewusst dankbar ist, wird zufriedener! Das Erstaunliche ist, dass sich dieser Effekt auch schon bei einmal Üben in der Woche einstellt und auch über den Untersuchungszeitraum hinaus erhalten bleibt. David Steindl-Rast formuliert das so: »Heute glauben viele, dass Glück die

Quelle für Lebensfreude, Lebendigkeit, Vitalität ist. Nicht das Glück ist die Quelle der Lebensfreude, sondern die Haltung der tiefen Dankbarkeit. Jeder Augenblick ist eine Gelegenheit für ein Geschenk und die Dankbarkeit. Das braucht Achtsamkeit. Dankbar leben heißt hellwach leben.«[25]

Es geht also darum, aus dem alltäglichen Fühlen von Dankbarkeit zu einer Haltung von Dankbarkeit zu kommen, die dann zum Grundton unseres Lebens, zu einer Lebenspraxis an sich wird.

Die Haltung der Dankbarkeit verzichtet darauf, den Mangel in den Blick zu nehmen, was uns schnell aktiviert und zum Handeln auffordert. Alle, die etwas verkaufen wollen, egal ob Produkte oder Dienstleistungen, kennen sich damit aus. Sie locken mit Versprechungen, die immer gleich lauten: Wenn du dies noch hast, wird es dir besser gehen und du wirst glücklicher sein.

Dankbarkeit aber betrachtet das Haben, nicht das Soll. Mit diesem Blick stellen wir öfter als zunächst gedacht fest: Es reicht, ich brauche gar nicht mehr.

Dankbarkeit verzichtet damit auf den Vergleich nach oben, der das Hamsterrad antreibt. Dadurch werden die Ausstiegsmöglichkeiten, Abzweigungen und Parkbuchten wieder sichtbar und laden zum Ausruhen und Pausieren ein.

Dankbarkeit teilt und schafft Beziehung – durch ein Lächeln, ein freundliches Dankeschön, eine offene Haltung. Wer den Wert guter Beziehungen spürt, merkt, wie viel er hat, merkt, dass das eigene Ego in den Hintergrund treten kann, weil das Leben viel größer ist.

 Wie sind Ihre Erfahrungen mit Dankbarkeit? Fällt sie Ihnen leicht? Haben Sie schon einmal schlechte Erfahrungen mit Dankbarkeit gemacht? Wie fühlen Sie sich, wenn jemand sich bei Ihnen bedankt? Können Sie das gut annehmen oder wiegeln Sie eher ab?

Warum Verzicht Freude bereitet

Alles was jetzt ist, ist neu. Selbst die Erinnerung.
Alexander Poraj

Verzicht wird oft mit Askese in Verbindung gebracht oder mit Menschen, die sich nichts gönnen können oder wollen. Dass dies nicht zutrifft, darauf weist schon ein altes Sprichwort hin: »Wenn die Maus satt ist, schmeckt das Mehl bitter.« Es weist darauf hin, dass ein Übermaß und ein Zuviel einem die schönste Freude verderben können.

Das Gegenteil vermag das Lassen und Verzichten. Es steigert die Vorfreude, die bekanntlich besonders intensiv ist. Verzichte ich einige Zeit auf ein Genussmittel wie Alkohol oder Kaffee, schmeckt dies anschließend umso intensiver. Das Lassen-Können eröffnet den Raum der freudvollen Erwartung. Es schärft die Sinne und das Erleben. Medizinisch bahnt das Nicht-verzichten-Können sogar die Entwicklung von Süchten. Der Umgang mit Alkohol ist hierfür ein besorgniserregendes Beispiel, schneller als gedacht landet man in der Abhängigkeit. In Deutschland sind 2 bis 2,5 Millionen Menschen alkoholabhängig, genauso viele betreiben einen Alkoholmissbrauch, weitere 6 Millionen einen riskanten Umgang mit dieser Alltagsdroge, der schnell aus dem Ruder laufen kann. 74000 Todesfälle gehen in Deutschland jährlich zu Lasten des Alkohols und ungefähr 200 Krankheiten sind auf den vermehrten Alkoholkonsum zurückzuführen.[26] Das Leiden, das durch den Alkohol in vielen Familien ausgelöst wird, taucht in solchen Zahlen überhaupt nicht auf. Es ist immens! Vor all dem schützt Verzicht: Mindestens an drei Tagen pro Woche und einmal pro Jahr für mehrere Wochen kein Alkohol.

Ein anderer Aspekt des Verzichtens ist das Entrümpeln. Mir geht es immer wieder so, dass ich mit Freude und Erleichterung auf den neuen Freiraum reagiere, den ich mir von Zeit zu Zeit schaffe. Das kann das Ausmisten einer Schreibtischschublade, das Entrümpeln des Dachbodens oder das Aussortieren lange nicht getragener Kleidung sein, um nur einige Beispiele zu nennen. Zu diesem Thema gibt es zahlreiche Ratgeber, Internetforen und Coachings. Deswegen möchte ich mich hierzu nicht in Einzelheiten verlieren. Ich möchte allerdings darauf hinweisen, dass zumindest all diejenigen, die mit einem Koffer oder Rucksack auf eine längere Reise gegangen sind, bereits unter Beweis gestellt haben, dass sie vieles weglassen können, um dann oft festzustellen, dass sie in dieser Zeit nichts Wesentliches vermisst haben.

Im Gegenteil, es scheint so zu sein, dass die Flut an Dingen, die wir heute verwalten müssen, Teil der Beschleunigungs- und somit auch der Erschöpfungssymptomatik unserer Zeit sind. Hatten unsere Vorfahren vor etwa hundert Jahren noch ganze 400 Gegenstände in einem Haushalt, so verfügen wir von der Gabel bis zum Handtuch über 10.000 Gegenstände. Was dies bedeutet, schlägt uns täglich in Küche, Bad und Keller sowie in Schreibtischschubladen, Kleiderschränken und Regalen entgegen. Fakt ist aber auch, dass wir mit 20 Prozent der Gegenstände in 80 Prozent der Zeit auskommen. Dies bedeutet im Umkehrschluss, dass wir 80 Prozent der Gegenstände selten oder gar nicht gebrauchen. Diese Zahlenspiele können Anlass zum kreativen Nachdenken darüber geben, was ich wirklich brauche.

Mittlerweile gibt es zahlreiche Möglichkeiten, Gegenstände sinnvoll abzugeben, sei es an Bedürftigkeitsorganisationen oder Secondhand-Kaufhäuser oder als gezielte Sachspenden an Organisationen. Weggeben entlastet somit nicht nur mich selbst, sondern beschenkt im besten Fall andere.

Um sich mit diesem Thema auf positive Weise zu verbinden, ist es hilfreich, darauf zu blicken, welcher Verzicht, welches materielle oder immaterielle Weg- und Loslassen mich schon einmal zufrieden und glücklich gemacht hat. Ich bin mir sicher, dass beim intensiveren Nachdenken jedem dazu etwas einfällt.

Wann haben Sie dieses befreiende Lassen zuletzt erlebt? Um welche Art von Verzicht hat es sich dabei gehandelt? Und wie haben Sie die Entlastung wahrgenommen? Gab es eine Resonanz im Körper?

Genießen Sie das Weglassen bewusst und gönnen Sie sich die entstandenen Freiräume, ohne sie sofort wieder zu füllen! Vielleicht stelle ich in ein leer gewordenes Regal nur ein Foto und fülle den frei gewordenen Platz damit neu.

Eine zunehmende Quelle von Belastung und Stress ist die Flut an E-Mails. Schätzungsweise soll sich die Anzahl der versendeten und empfangenen E-Mails weltweit im Jahr 2019 auf etwa 300 Milliarden belaufen haben, und zwar täglich. Diese Zahl der privat und geschäftlich versendeten und empfangenen Mails soll in den kommenden Jahren kontinuierlich steigen, bis 2023 auf knapp 350 Milliarden Mails pro Tag.

Längst haben große deutsche Firmen die damit einhergehende Problematik von Unproduktivität und Stress erkannt. Deshalb werden zum Beispiel E-Mails, die nach 18 Uhr, am Wochenende und während der Urlaube eingehen, einfach gelöscht. Unterbrechungen wie sie eben auch durch permanent eintreffende, vielleicht noch mit einem Tonsignal versehene E-Mails passieren, lösen bei den meisten Arbeitnehmern Stress aus, wie aus Untersuchungen deutlich wird. Multitasking, von nicht wenigen Arbeitgebern als Antwort darauf gefordert, ist keine gute Idee. Nachweislich verschlechtert sich dadurch die Arbeitsleistung.

Im Privaten müssen wir selbst die Initiative ergreifen, weil es hier niemanden gibt, der E-Mails löscht oder Ähnliches! Es stellt sich somit die Frage, ob ich über jeden Posteingang unmittelbar benachrichtigt werden will, wie dies über viele Smartphone-Einstellungen längst gängige Praxis ist, oder ob ich mir eher bestimmte Zeiten reserviere, um meine E-Mails zu bearbeiten. Darüber könnte ich dann auch die Absender informieren. So las ich neulich unter einer geschäftlichen E-Mail: »Lieber Absender, ich lese meine E-Mails zweimal täglich, gegen 11 und 17 Uhr.« Die häufig unausgesprochene Erwartung der Sender ist meist eine sofortige Reaktion beziehungsweise Antwort, das erzeugt Stress – oftmals auf beiden Seiten.

Wenn wir Ballast abwerfen, entsteht meist ein Gefühl von Erleichterung, ähnlich einem leichter werdenden Rucksack auf einer langen Wanderung. Dabei kann es sich durchaus um immaterielle Dinge handeln wie belastende Beziehungen, zermürbende Arbeitsverhältnisse, (selbst)abwertende Gedanken oder vermeintlich unverrückbare Verpflichtungen.

Machen Sie doch zunächst einmal ein Gedankenexperiment: Was wäre, wenn ich dies oder jenes hinter mir lassen könnte? Wie würde ich mich dann morgen, in einem Monat oder in einem Jahr fühlen? Würde ich diese Beziehung, dieses Arbeitsverhältnis, diese Verpflichtung heute nochmals beginnen?

Angenommen Sie könnten sich davon distanzieren, wie würden Sie sich fühlen? Und wie würde Ihr Körper darauf reagieren, wie Ihre Atmung? Gab es solche Erfahrungen in der Corona-Zeit? Welche Konsequenzen haben Sie daraus gezogen?

Sie können das jetzt in diesem Gedankenexperiment unmittelbar spüren, weil unser Gehirn keinen wesentlichen Unterschied macht zwischen einer intensiven Vorstellung und der Realität!

Sie können Ihren Körper sogar zur Hilfe nehmen, indem Sie probehalber so umherlaufen, als seien Sie schon von den gegenwärtigen Belastungen befreit. Wie würden Sie dann gehen? Probieren Sie es jetzt gleich einmal aus! Wo liegt der Unterschied?

Der Volksmund kennt übrigens noch eine kluge Sichtweise, die mit Seinlassen zu tun hat: Aufhören, wenn's am schönsten ist. Das bedeutet, nicht alles bis zum Letzten auszukosten, rechtzeitig auszusteigen beziehungsweise Nein zu sagen. Auch dazu gibt es wissenschaftliche Studien. Sie erklären uns auch, warum. Es bleibt nämlich meist das besonders intensiv hängen, was zuletzt war: die letzten zwei Regentage im Urlaub nach zwölf Tagen Sonnenschein, die Unzufriedenheit, wenn ich nach einem Fest zu spät ins Bett gekommen bin und deswegen mit Kopfschmerzen aufwache, ein Schmerz am Ende eines bis dahin weitgehend schmerzlosen Eingriffs (dazu gibt es tatsächlich Untersuchungen, zum Beispiel bei Darmspiegelungen).

Woran möchte ich mich gerne erinnern und was muss ich dafür jetzt lassen? Es geht dabei, wie wir gesehen haben, um einen Zugewinn an Lebenszufriedenheit und nicht um einen miesepetrigen Verzicht.

Entschleunigung

In der Therapie wie im Leben ist Sinnfülle ein Nebenprodukt von Sich-Einlassen und (Selbst-)Verpflichtung ...
Irvin Yalom

Der langsame Engel von Gerhard Schöne führt uns ins Thema dieses Kapitels ein und macht gleich schon konkrete Vorschläge.

Stoppuhren kann er nicht leiden,
Flugzeuge würde er meiden,
Rennfahrer tun ihm nur leid.
Leuten, die andere scheuchen,
drängeln und hetzen und keuchen,
schenkte er gern seine Zeit.

Er nimmt sich Zeit, den Schiffen zu winken,
Zeit, mit dem Strohhalm zu trinken,
Zeit, für den stotternden Mann.
Er nimmt sich Zeit, für die Wunder im Garten,
Zeit, um genüsslich zu warten auf die verspätete Bahn.

Nichts hasst er so, wie Gedrängel!
Er ist der langsamste Engel.
Trotzdem kann er viel erzählen.
Er, der Beschützer der Schnecken,
möchte die Eiligen necken,
und ihre Uhrn und ihre Uhrn und ihre Uhrn verstelln.
Träumern und Bummlern und Lahmen sagt er sein:
Ja! und sein: Amen!
Er streichelt den, der verweilt.

Trödelnde Kinder entdecken Schätze an fast allen Ecken.
Nichts findet der, nichts findet der,
nichts findet, der sich beeilt.

Er nimmt sich Zeit, die Zeit zu verschwenden,
er liebt die lahmen Enten und jeden Schnellzug, der steht.
Er nimmt sich Zeit von der Brücke zu spucken
und lang noch hinterher zu gucken,
wohin die Reise wohl geht.
Er nimmt sich Zeit für die Wunder im Garten,
Zeit, um genüsslich zu warten auf die verspätete Bahn ...[27]

Ob dieser langsame Engel tatsächlich als Unterstützung oder gar Vorbild taugt, muss jeder für sich entscheiden. Tatsache allerdings ist, dass die Welt sich in einer rasanten Beschleunigung befindet, die exponentiell verläuft. Auch wenn wir es uns kaum vorstellen können, so gehen viele Wissenschaftler und Techniker davon aus, dass wir uns erst am Anfang der Beschleunigung befinden. Was exponentielles Wachstum bedeutet, veranschaulicht ein berühmtes Gedankenspiel: Nimmt man ein Schachbrett und füllt es beginnend mit einem einzigen Reiskorn auf einem Feld und verdoppelt dann auf jedem der 64 Felder die Anzahl der Reiskörner, so wird die Menge an Reiskörnern bis zum letzten Feld auf 9 Trillionen anwachsen, was mehr als der jährlich global produzierten Reismenge entspricht.

Wir alle sind von dieser Dynamik nicht frei. Vor zwanzig Jahren verließ ein Drittel der Besucher eine Internetwebseite, wenn ihre Ladezeit acht Sekunden oder mehr betrug, heute reichen bereits zwei Sekunden, in denen dieses Drittel die Geduld verliert und aussteigt.

Die Entwicklung scheint sich auf allen Ebenen zu beschleunigen und wir versuchen, Schritt zu halten. Weil sich allerdings die Zeit nicht beschleunigen lässt, entsteht Zeitnot. Das Stresslevel steigt, die Fallzahlen für psychische Erkrankungen, unter ihnen Burn-out, nehmen rasant zu. In den letzten 20 Jahren haben sich die Krankschreibungen wegen psychischer Erkrankungen verdreifacht. Frühberentungen wegen psychischer Erkrankungen nehmen mittlerweile den ersten Platz der Berentungsgründe ein, 70000 pro Jahr, Tendenz steigend! Ob es tatsächlich zu einer Zunahme von Erkrankungen gekommen ist, darüber streiten sich die Experten. Mit Sicherheit allerdings hat sich das Empfinden von psychischer Überforderung und Stressbelastung erhöht. Gleichzeitig hat sich auch die Bereitschaft erhöht, darüber zu sprechen und Hilfe in Anspruch zu nehmen.

Unser Eindruck, dass unser Geist mit dem Tempo der Veränderung nicht mehr Schritt halten kann, ist so neu nicht. Bereits im 13. Jahrhundert beschwerten sich Gelehrte über die Fülle an Lesestoff und den Mangel an Zeit, um diesen zu bewältigen. Offensichtlich wurde 1959 die bange Frage diskutiert, wie man mit der wachsenden Zahl an Radiokanälen fertig werden solle.[28] Die Angst vor Informationsüberflutung gab es also bereits vor Jahrhunderten.

Zieht man den berühmten Satz des griechischen Philosophen Heraklit hinzu, dass nichts beständiger als der Wandel sei, so scheint dieses Phänomen etwas grundsätzlich Menschliches zu sein. Es ist gleichzeitig auch ein Zeichen unseres stets neugierig forschenden Geistes, der uns Menschen eigen ist und uns auszeichnet.

Veränderung und Wandel zeichnet Leben aus, das war immer so und wird auch in Zukunft so bleiben. Es kann also nicht darum gehen, das Rad anzuhalten. Auch wird es für die Wenigsten erstrebenswert und möglich sein, ganz aus ihren gesellschaftlichen Rahmenbedingungen auszusteigen. Die Antwort liegt nicht in der Verweigerung, der Ablehnung, dem Ausstieg.

Wo aber dann?

Wenn es keine Frage des »Entweder-oder« ist, dann könnte eine Antwort in einem »Sowohl-als-auch« liegen. Diese Haltung könnte eine gute Alternative zu Beschleunigung und Hetze, Tempo und Optimierung sein: Immer wieder mal aussteigen, anhalten, pausieren. Das könnten besondere Formen des Urlaubmachens im Sinne von Auszeiten sein. Einen Monat Urlaub von den sozialen Medien. Urlaub von Fernsehen und Nachrichten für eine bestimmte Zeit. Und wie wäre es mit Auszeiten an bestimmten Wochentagen? Früher hatte der Sonntag eine solche Funktion, diese weicht zunehmend auf. Auch das hat fatale Folgen. Hätte es während der globalen Finanzkrise 2008 kein Wochenende gegeben, an dem Krisendiplomatie und Rettungsaktivitäten stattgefunden haben, es wäre vermutlich zum ganz großen Zusammenbruch gekommen!

Aber wir können auch eigene, neue Rituale und wiederkehrende Rhythmen einführen. Dazu könnten auch »neue Feiertage« gehören. Wie wäre es zum Beispiel mit einem Pippi-Langstrumpf-Feiertag? Hierfür eignet sich der 14.11., der Geburtstag von Astrid Lindgren. Ich könnte an diesem Tag Dinge tun, die ich mir sonst nicht erlaube, um bewusst die Routine zu durchbrechen: Unterschiedliche Socken tragen; im Bett herumhüpfen wie ein ausgelassenes Kind; immer wieder mal rückwärtslaufen; verrückte Gedanken zulassen und vieles mehr.

Routinen zu unterbrechen, schafft neue Perspektiven. Neue Perspektiven geben neue Impulse. Neue Impulse verändern Routinen. Solche Unterbrechungen müssen nicht lange dauern. Schon das bewusste tiefe Durchatmen am offenen Fenster stellt eine solche Unterbrechung an einem anstrengenden Tag dar.

Und noch etwas scheint in der Welt der digitalen Beschleunigung unabdingbar zu sein: Die Fähigkeit, sich nicht permanent ablenken zu lassen und fokussiert zu bleiben. Gelingt es uns, konzentriert bei der Sache zu bleiben, erhöhen wir damit die Wahrscheinlichkeit von erfüllenden Flow-Erlebnissen, wie sie der ungarische Psychologe Mihály Csikszentmihályi in den 1970er-Jahren beschrieb. Solche Flow-Erlebnisse zeichnen sich dadurch aus, dass wir begeistert und mit Engagement ganz bei der Sache sind, die wir gerade tun. Die Herausforderungen entsprechen unseren Fähigkeiten, wir sind gefordert, aber nicht überfordert, sodass wir die Kontrolle behalten. Dabei geht das Gefühl von Raum und Zeit verloren, Stunden vergehen wie im Flug, was sonst noch um einen herum passiert ist, hat man ausgeblendet.

Bei Kindern kann man solche Flow-Zustände beim Spielen eindrucksvoll beobachten. Aber auch wir Erwachsenen verfügen noch über diese Fähigkeit. Allerdings gibt es für sie kein Patentrezept, keine abzuarbeitende Liste, an deren Ende ein gutes Flow-Ergebnis steht. Vielmehr geht es für jeden Einzelnen darum, herauszufinden, bei welcher Aufgabe, welcher Tätigkeit, welchem Engagement er oder sie sich erfüllt fühlt. Es hat viel damit zu tun, ob und in welchem Maß uns das, was wir tun, sinnvoll erscheint. Dann werden wir gepackt und können alles um uns herum für eine bestimmte Zeit vergessen.

Dieses Konzept ist ein salutogenetisches, das bedeutet, dass es Gesundheit fördert und erhält. Über den Nobelpreisträger Eric Kandel las ich neulich, dass er auch mit weit über achtzig Jahren noch täglich in sein Forschungslabor geht. Er fühle sich dabei einfach lebendig, inspiriert und zutiefst mit dem Leben verbunden. Warum solle er darauf verzichten?!

Viktor Frankl, der berühmte Wiener Nervenarzt und Psychotherapeut, entwickelte in den 30er- und 40er-Jahren des letzten Jahrhunderts die Logotherapie und Existenzanalyse als Gegenentwurf zu Sigmund Freud und Alfred Adler. Er postulierte schon damals, dass es den Menschen im Innersten nicht um Lustbefriedigung und die Überwindung von Minderwertigkeitsgefühlen ginge, sondern um das Erleben von Sinn im Leben. Werde dies dauerhaft frustriert, würden wir als Menschen daran seelisch verzweifeln und erkranken.[29]

Frankl ging davon aus, dass wir Menschen ein tief verankertes Bedürfnis nach Sinnerfüllung in uns tragen. Er verglich dies mit dem Durstgefühl, das uns dazu veranlasst zu trinken. Doch genauso wie manche Menschen häufig nicht merken, wenn sie zu wenig getrunken haben, verhält es sich auch mit der Sehnsucht nach Sinn. Durch das Laufen im Hamsterrad verspürt man lange nicht den »Durst«. Durch die Möglichkeiten der permanenten Ablenkung kann man durchaus den Blick für das Wesentliche verlieren. Dann funken irgendwann Körper und Seele SOS.

Dann können erzwungene Auszeiten, Krankschreibungen und Klinikaufenthalte folgen. Um dem vorzubeugen, ist es hilfreich, sich beizeiten über die eigenen Werte Gedanken zu machen.

Was ist mir wirklich wichtig im Leben? Wie spüre ich das in mir? Gibt es eine Resonanz dafür in meinem Körper? Kommen diese Werte gegenwärtig in meinem Leben vor? Wenn ja, lassen sich diese Werte in meinem Berufsalltag wiederfinden oder nur außerhalb? Hat sich daran gegenüber früher etwas verändert?

Sie können auch Freunde in diesen Prozess mit einbeziehen und sie danach fragen, welche Ihrer Werte sie an Ihnen schätzen. Vielleicht erfahren Sie auf diese Weise noch Neues über sich. Hilfreich ist auch der Blick auf Gelungenes und Erfolge in Ihrem bisherigen Leben. Oft sind sie mit persönlichen Fähigkeiten und Stärken verbunden, hinter denen oft auch die persönlichen Werte stehen.

Dort, wo wir Menschen uns selbst, unser Handeln, unsere Beziehungen und unser Dasein als wertvoll erleben, erleben wir Sinn. Das bedeutet nicht, dass dies immer nur angenehm, leicht und ohne Anstrengung geschieht. Schon das Flow-Konzept legt nahe, dass ein gewisses Maß an Herausforderung notwendig ist. Ähnlich verhält es sich häufig mit Sinnerfahrungen. Da kann ein Gespräch mit der Partnerin oder Freunden durchaus anstrengend sein oder das Erledigen einer Aufgabe Mühe kosten; und dennoch, oder vielleicht gerade deswegen empfinden wir den Prozess und das Ergebnis als höchst sinnvoll.

Und noch etwas ganz anderes kann uns helfen, mehr zweigleisig zu fahren und neben der Beschleunigung auch die Entschleunigung zu nutzen: Der Blick aus der Zukunft zurück. Wenn ich in 10, 20 oder 30 Jahren auf mein Leben zurückblicke, will ich dann so gelebt haben, wie ich es jetzt gerade tue?

Die Intensivkrankenschwester Bronnie Ware[30] befragte Sterbende danach, wie sie eigentlich gerne gelebt hätten. Die häufigsten fünf Antworten waren folgende:

- Ich wünschte, ich hätte den Mut gehabt, mir selbst treu zu bleiben, statt so zu leben, wie andere es von mir erwarteten.
- Ich wünschte, ich hätte nicht so viel gearbeitet.
- Ich wünschte, ich hätte den Mut gehabt, meinen Gefühlen Ausdruck zu verleihen.
- Ich wünschte, ich hätte mir mehr Freude gegönnt.
- Ich wünschte, ich hätte den Kontakt zu meinen Freunden gehalten.

Keiner äußerte den Wunsch danach, mehr Geld verdient zu haben oder erfolgreicher gewesen zu sein. Vielmehr drücken sich in den Antworten Wünsche und ungelebte Werte nach Authentizität, Gegenwärtigkeit und Verbundenheit aus. Wie möchten Sie einmal auf Ihr Leben zurückblicken? Noch haben Sie einen großen Einfluss darauf! Was wäre, wenn Sie ihn nutzen würden?

Kennen Sie auch dieses Gefühl, dass nichts mehr hineinpasst? Sei es in Ihren Kopf, in Ihren Arbeitsalltag oder in Ihre Freizeit? Und dann versuchen Sie dennoch, noch etwas reinzuquetschen?! Ganz ähnlich wie in der Zen-Geschichte läuft die Teetasse schon längst über, aber wir hören nicht auf nachzuschenken beziehungsweise können uns nicht ›zu einem »Nein, danke, es ist genug« durchringen.

Zahlreiche Menschen benutzen dazu Begriffe wie »sich zur Arbeit oder zu etwas anderem zu zwingen oder gar zu prügeln«. Das klingt schmerzhaft und gewalttätig und sagt eine Menge über die Beziehung zu sich selbst aus. Selbstverständlich müssen wir uns zu bestimmten Zeiten zu Dingen aufraffen, dagegen ist überhaupt nichts einzuwenden. Wenn aber das Sich-Zwingen zum Grundton des Lebens und zur Grundhaltung im Umgang mit sich selbst geworden ist, ist Gefahr in Verzug.

Klaus Grawe schreibt über das selbst unter Psychotherapeuten verbreitete Sollen und Müssen: »Man sollte als Therapeut den Patienten nicht in Therapiezielen unterstützen, die nicht mit seinen wichtigsten übergeordneten motivationalen Zielen und seinem selbst gesetzten, aus eigenem Antrieb verfolgten persönlichen Ziel übereinstimmen, auch wenn der Patient das Therapieziel als sehr wichtig deklariert. Man sollte alles daransetzen, dass der Patient sich Ziele setzt, die mit seinen wirklichen Bedürfnissen übereinstimmen. Ziele, die den Charakter von ›ich sollte‹, ›ich müsste‹, ›man kann von mir erwarten, dass ich‹ haben, haben wenig Aussicht auf Realisierung und führen selbst bei ihrer Erreichung nicht zu einer wirklichen Befindensverbesserung.«[31]

Psychotherapie als Selbstoptimierung geht nicht nur am Wesentlichen vorbei, es kann sogar erst recht in die Sackgasse führen, weil sie dann das gleiche Antreibermuster bedient, das zum Problem, zur Krise, zum Burn-out geführt hat.

Deshalb muss man sich in einer gelungenen Psychotherapie auch mit den eigenen Ressourcen beschäftigen und sich darüber Gedanken machen, wie mehr Freude im Leben Einzug halten kann und wie gute, tragfähige Beziehungen gelebt werden können. Und natürlich auch damit, wie man seine Gefühle zum Ausdruck bringen kann und lernt, zu seinen Bedürfnissen zu stehen. Es sollte Raum dafür sein, die Gefahren der Selbstoptimierung in all ihren Facetten wahrnehmen zu lernen.

Dient der Impuls zur Veränderung meiner lebendigen Entfaltung oder meiner Leistungsoptimierung und Anpassung an äußere Bedingungen? Und letztlich: Komme ich persönlich in meinem Leben vor? Ist es wirklich mein Leben, das ich da lebe?

Frau A. berichtet mir, dass sie über Jahre erst ihren Vater und dann ihre Mutter gepflegt habe, und dies neben einer Leitungsfunktion im Betrieb. Bei der Arbeit sei sie in Gedanken zu Hause gewesen, zu Hause habe sie im Kopf die Arbeit organisiert. Das sei die letzten drei Jahre so gegangen, ohne Urlaub. Sie habe sich immer weiter angetrieben und sich zum Funktionieren gezwungen. Nach außen habe sie allen vermittelt, dass sie alles im Griff hätte. Hilfe anzunehmen, sei für sie nicht infrage gekommen. Obwohl sie sich zunehmend schwerer habe konzentrieren können und immer häufiger sogar Wichtiges übersehen oder vergessen habe, habe sie sich noch spät abends dazu gezwungen, dienstliche E-Mails zu lesen und zu beantworten, deren Sinn sie manchmal gar nicht mehr erfasst habe.

Schließlich habe sie eine schwere Lungenentzündung entwickelt. Ihr Hausarzt habe sie krankgeschrieben und zur strikten Ruhe geraten. Sie habe das verschriebene Medikament genommen und sei nach wenigen Tagen wieder zur Arbeit gegangen. Keine zwei Wochen danach sei sie mit einem Nervenzusammenbruch in die Psychiatrie eingewiesen worden. Erst dort habe sie langsam realisiert, was geschehen sei und wie lange sie sich schon zu allem nur noch gezwungen, ja oft genug regelrecht geprügelt habe. Sie wolle nun während des psychosomatischen Klinikaufenthaltes lernen, sich selbst zu spüren und für ihre eigenen Bedürfnisse einzutreten. Allerdings wisse sie gar nicht so richtig, wie das gehe.

Frau A. kam in ihrem Leben nicht mehr vor. Sie hatte den Kontakt zu sich und ihren Bedürfnissen gänzlich verloren und nur noch funktioniert. Das geht oftmals erstaunlich lange gut, aber meist nicht auf Dauer! Damit die wahren Bedürfnisse gespürt werden können, braucht unser Gehirn Leerlauf und Muße. Heute müssen wir uns aktiv dafür entscheiden, denn der Strom an Informationen reißt nicht mehr ab. Kein Testbild beim Fernsehen signalisiert mehr die Nachtruhe, jede E-Mail oder Textnachricht kann jederzeit fast auf der ganzen Welt gelesen werden und setzt damit automatisch die innere Auseinandersetzung mit ihr in Gang.

Schon den alten Griechen war klar, dass man zum Lernen von neuen Dingen Muße braucht. So beschrieb der Begriff Schola, von dem sich unser heutiges Wort Schule ableitet, einen Ort, an dem die Möglichkeit bestand, nichts zu tun, was mit der üblichen Arbeit zu tun hatte. Diese Sichtweise prägte über Jahrhunderte Schulen und Mönchsorden. Das Wort Schola wurde zunächst für Ruhebänke verwendet, dann für Versammlungsräume und schließlich für die Menschen, die sich in diesen Räumen trafen.

Zur Muße gehören durchaus auch Phasen der Langeweile, die heute immer seltener werden. Für das Abspeichern von Gelerntem und das Entwickeln von Kreativität sind solche Phasen der »langen Weile« notwendig. Ich kann mich noch gut daran erinnern, wie bei mir als Kind in solchen Phasen neue Ideen für Spiele und Aktivitäten auftauchten. Muße ist das Gegenteil von Hetze, Druck und Stress und somit das, was wir in der schnelllebigen Zeit zum Regenerieren und Auftanken mehr denn je benötigen. Mit dem Smartphone kann ich sie problemlos überspringen! Nur nicht folgenlos!

Lässt sich noch auf andere Weise auf Beschleunigung und Stresserleben Einfluss nehmen? Die Aktivierung des parasympathischen Nervensystems, das für Beruhigung und Entspannung, für Verdauung und Fortpflanzung und für Nähe und Zuwendung verantwortlich ist, ist ein Schlüssel zur Entschleunigung und zum dringend notwendigen Herunterregulieren von Stress.

Der Parasympathikus reagiert in Sekundenschnelle mit Entspannung und Wohlgefühl, wenn wir ihm Raum geben. Die Atmung wird tiefer, der Herzschlag verlangsamt sich, das Stresserleben geht zurück. Wir können lernen, unseren Parasympathikus zu aktivieren.

Die vertiefte Bauchatmung, die sogenannte Zwerchfellatmung, hilft dabei. Sie können sie sofort spüren, wenn Sie eine Hand auf den Bauch legen. Hebt und senkt sich diese mit jedem Atemzug, atmen Sie in den Bauch und aktivieren Ihren Parasympathikus. Verlängerte Ausatmung erfüllt diesen Zweck genauso wie das Aktivieren Ihrer Lippen. Unsere Lippen sind reich an parasympathischen Fasern, deswegen beruhigt das Stillen den Säugling und Essen uns Erwachsene. Wenn Sie etwas geübt sind, funktioniert das auch bei Stress. Und das Wunderbare am Atem ist ja: Wir haben ihn immer dabei und keiner merkt, wenn wir ihn für uns nutzen!

Wer ein Blasinstrument spielt, aktiviert über den Einsatz von Lippen und vertiefter Atmung seinen Parasympathikus. Aber auch Singen und Summen tun dies. Oder Sie bringen Ihre Lippen spielerisch zum Vibrieren, als ob Sie einen Motor nachmachten. Wunderbar ist auch das Gähnen – haben Sie keine Scheu, dieses immer wieder zuzulassen, es entspannt!

Weiterhin können Sie die Augenpressur nutzen. Dabei drücken Sie behutsam mit den Handflächen für einige Minuten gegen die geschlossenen Augen, während die Handballen auf den Jochbögen ruhen. Das sind die Knochen unter den Augen. Wenn Sie dabei Farben sehen, genießen Sie es, auch das dient der Entspannung!

Weiter können Sie Ihre Zunge nach vorne gegen die Zähne schieben, zusammenrollen und dann mit Kraft an den oberen Gaumen drücken, sodass Sie den Zug bis zum Zungengrund spüren.

Schließlich sind auch innere Bilder der Entspannung und des Wohlfühlens, Bilder von Sicherheit und Geborgenheit äußerst hilfreich. Unser Gehirn macht nämlich keinen Unterschied zwischen realem Erleben und intensiver Vorstellung.

Unser Herz schlägt meist regelmäßig, aber nicht so gleichmäßig wie eine Maschine. Der Herzschlag beschleunigt sich nämlich leicht, aber messbar bei der Einatmung und verlangsamt sich beim Ausatmen, weil beim Einatmen der Sympathikus und beim Ausatmen der Parasympathikus aktiviert werden. Diese leichte Unregelmäßigkeit nennt man Respiratorische Sinusarrhythmie, man misst mit ihrer Hilfe die Herzfrequenzvariabilität (HRF). Diese ist ein Maß für den Grad unserer Parasympathikusaktivität und damit für unsere Stresstoleranz. Man kann sie relativ leicht messen und sichtbar machen und dann zum Beispiel mittels Biofeedbacks beeinflussen und verändern lernen.

Noch etwas anderes rückt seit einiger Zeit verstärkt ins Interesse der Wissenschaft und der medialen Berichterstattung: Das Waldbaden. Was ist damit gemeint? Es geht nicht darum, mit Badehose oder Bikini Bäume zu umarmen oder das Moos zu spüren. Vielmehr geht es um etwas sehr Einfaches – nämlich die Natur und insbesondere den Wald wieder zu entdecken. In den 20er-Jahren des letzten Jahrhunderts besangen die Comedian Harmonists in einem ihrer Erfolgshits »Wochenend und Sonnenschein« das, was heute keineswegs mehr selbstverständlich ist. Dabei beschrieb der besagte Hit eigentlich schon das hippe Rezept von heute: »... und dann mit dir im Wald allein, weiter brauch ich nichts zum Glücklichsein.«

In Japan wird über dieses Thema seit vielen Jahren geforscht und man bekommt es sogar mittels Rezepts verordnet. Shinrin-yoku bedeutet im Japanischen Wald(luft)bad. Das japanische Landwirtschaftsministerium führte Waldbaden schon Anfang der 80er-Jahre ein und förderte ein millionenschweres Forschungsprogramm, um die medizinische Wirkung des Waldbadens nachzuweisen. Mitte der Nullerjahre eröffnete dann das erste Zentrum für »Waldtherapie« und japanische Universitäten bieten inzwischen eine fachärztliche Spezialisierung in »Waldmedizin« an. Bis zu fünf Millionen Japaner nutzen jedes Jahr die angelegten Wege des Nationalen Erholungswaldes rund um die Stadt Akasawa.

Waldbaden bedeutet, in die angenehme Atmosphäre des Waldes einzutauchen, hier riecht es würzig, das Licht ist ein anderes, die Luft ist meist klar und der Temperaturunterschied vor allem im Sommer angenehm spürbar. Der würzige Duft kommt unter anderem durch die Terpene zustande. Das sind Duftstoffe, die die Pflanzen abgeben, um sich vor Schädlingen zu warnen. Interessanterweise stimulieren sie auch das menschliche Immunsystem.

Und tatsächlich wirkt sich all das nachweislich positiv auf uns aus, sodass aus gutem Grund sogar der Rezeptblock gezückt wird.

- Die sympathische Nervenaktivität, die sich unter Stress erhöht, verringert sich beim Waldbaden.
- Die parasympathische Nervenaktivität, die bei Entspannung steigt, nimmt im Gegenzug zu.
- Unsere Stresshormone Adrenalin, Noradrenalin und Cortisol sinken.
- Ebenso sinken Blutdruck und Herzfrequenz.
- Die Anzahl der Killerzellen und Anti-Krebs-Proteine steigt. Das heißt, dass das Immunsystem gestärkt wird. Fährt unser Immunsystem hoch, werden mehr weiße Blutkörperchen gebildet, sogenannte natürliche Killerzellen. Nach einem Waldspaziergang sind es etwa 50 Prozent mehr als davor. Sie sind dann bis zu einer Woche aktiver und bekämpfen nicht nur körperfremde Keime, sondern auch körpereigene Krebszellen. Was sich anhört wie ein kleines Wunder, wurde von der Nippon Medical School in Tokio statistisch untermauert.
- Waldspaziergänge schützen auch unser Herz-Kreislauf-System. Sind wir im Grünen, schüttet unser Körper vermehrt das Hormon DHEA (Dehydroepiandrosteron) aus. Es ist ein körpereigenes Steroid, wird in der Nebennierenrinde gebildet und stärkt unser Herz und unsere Gefäße. Bei Stress und mit zunehmendem Alter lässt die DHEA-Produktion im Körper nach. Es handelt sich also um legales körpereigenes Doping!

Achtsame Waldspaziergänge stimulieren unser Nerven-, Hormon- und Immunsystem. Interessant, dass bereits Hildegard von Bingen im 12. Jahrhundert die »Grünkraft« (Viriditas) der Natur als ein wichtiges Heilprinzip beschrieb. Altes Erfahrungswissen und moderne Forschung reichen sich damit wieder einmal die Hand.

Und auch der Volksmund wusste es schon lange, wenn er vom Ausflug ins Grüne sprach. Dorthin zog es uns Menschen vielleicht, seit es uns gibt. Über die Jahrhunderte war das Grüne der Ort für Wochenenderholung, kurze Verschnaufpausen vom Alltag oder Sehnsuchtsort für Urlaube. Ins Graue, Weiße oder Rote zog es uns jedenfalls nicht. Das hat sich für so manche mit der Digitalisierung fatalerweise geändert.

Wie wichtig die Natur, insbesondere Natur- und Grünflächen, für die Städte sind, wird seit Längerem auch am Zentralinstitut für seelische Gesundheit in Mannheim erforscht. Kürzlich bekannte deren Direktor, Prof. Meyer-Lindenberg, in einem Interview: »Städte sind tatsächlich ein kausaler Faktor für psychische Störungen, das wissen wir aus epidemiologischen Studien.«[32] Kausal besagt dabei auch, dass man zum Beispiel ausschließen kann, dass Städte vermehrt psychisch belastete Menschen anziehen. Ein wichtiger Faktor ist die geringere soziale Unterstützung, das erhöht nachweislich den Stresslevel. Umso dramatischer stellt sich die Tatsache dar, dass bald mehr als die Hälfte der Menschheit weltweit in Städten oder sogar in Megastädten leben werden. Grünflächen stellen ein bedeutsames Gegenmittel zum beschriebenen Risiko dar. Besonders bemerkenswert an den Studien von Meyer-Lindenberg ist, dass vor allem diejenigen von dem Ausgleich im Grünen profitieren, die aus sich heraus ihre Gefühle schlechter regulieren können, die mit anderen Worten stressgeplagt sind.

Mittlerweile kennt man auch die Dosis, die für eine positive Wirkung notwendig ist, recht gut. Offensichtlich sollen zwei Stunden Aufenthalt in der Natur pro Woche die beschriebenen Effekte haben. Dabei spielt es keine Rolle, ob man drei Mal 40 Minuten, zwei Mal eine Stunde oder zwei Stunden am Stück in der Natur ist. Viel bringt nicht wirklich viel mehr. Interessant war bei dieser Studie, dass diejenigen sich öfter in der Natur aufhielten, die in ihrer Umgebung weniger Grün vorfanden, also vermutlich weniger privilegiert wohnten. Dieses Ergebnis galt auch für die Unsportlichen. Es geht also nicht um viele Aktivitäten in der Natur, sondern um das Sein in der Natur![33]

Unser Gehirn ist offensichtlich biophil, es liebt und braucht für eine gesunde Selbstregulation die Natur und ihr lebendiges Grün. Lange genug haben wir in unserer Evolutionsgeschichte mit und in der Natur gelebt! Dazu passen Studienergebnisse, die belegen, dass Patienten in einem Krankenhaus weniger Schmerzmittel benötigen, eine bessere Wundheilung nach Operationen aufweisen und damit früher entlassen werden können, wenn sie aus ihren Krankenzimmern auf Bäume blicken konnten. Ja, es wirkte sich bereits positiv aus, wenn sie nur auf Naturbilder im Zimmer schauen konnten.

Ob Spaziergänge in der Natur Verzicht bedeuten, muss jeder für sich entscheiden. In meiner Kindheit war es jedenfalls noch so, dass wir kaum aus dem Wald nach Hause kommen wollten, in dem wir stunden- und tagelang spielen konnten, ohne dass uns langweilig wurde. Heute zeichnet sich eine gegenteilige Entwicklung ab: Kinder und Jugendliche gehen kaum mehr nach draußen, geschweige denn raus in die richtige Natur. Für all diejenigen, die hinter ihren Computern und Smartphones verschwinden und die sich ohne WLAN so unsicher fühlen wie in einer fremden Sprache, bedeutet der Weg in die Natur durchaus einen Verzicht. Gesundheitlich lohnt er sich! Das entdecken immer mehr gestresste Menschen für sich.

Übrigens hilft uns die Natur vermutlich auch beim Knüpfen von sozialen Kontakten. Studien zeigen, dass Menschen offener und hilfsbereiter auf andere reagieren, die einen Hund, ja sogar einen Tannenbaum bei sich haben, als auf Menschen, die alleine daherkommen! Was fast belustigend klingt, stützt wiederum unser aller Naturverbundenheit – bewusst oder unbewusst. Es scheint leichter zu sein, Menschen auf etwas Lebendiges anzusprechen, das sie sichtbar bei sich führen, als einfach so ins Gespräch zu kommen. Vielleicht haben Sie auch schon mal erlebt, dass Sie auf die Schönheit eines Blumenstraußes angesprochen wurden, den Sie vom Markt heimtrugen, und schon war man im Gespräch.

Und noch etwas lässt aufhorchen: Naturerleben verringert unseren Egoismus, wie amerikanische Psychologen herausfanden.[34] Schon Albert Schweitzer sprach von der Ehrfurcht vor dem Leben und beschrieb damit das, was uns im Angesicht von Bergen, Tälern, Wäldern, Meeren und der Vielfalt und Weite der Natur widerfährt – wir werden kleiner, bescheidener und auch sozialer. Auch deswegen ist es so wichtig, dass wir die Natur wiederentdecken, ist es gut, dass es Waldkindergärten und Pfadfindergruppen gibt, die die Natur in ihren Alltag selbstverständlich einbeziehen. Sie verzichten auf Komfort und Behaglichkeit und sie gewinnen Offenheit, Miteinander, Entspannung, Kreativität und vieles mehr. Die Wiederentdeckung der Natur könnte somit zu Ihrem eigenen und damit gleichzeitig zu unser aller Wohlergehen beitragen. Wir haben langfristig auf unserem Planeten nur dann eine Überlebenschance, wenn wir die Natur in unser Handeln einbeziehen und nicht übergehen oder ausbeuten.

Die Motivation über das Annäherungsverhalten

*Jede Welle landet vollkommen,
so wie sie ist, am Ufer des Jetzt.*
Rick Hanson

Das Wort Motivation leitet sich von dem lateinischen »movere« ab, was »sich bewegen« bedeutet. Ohne Motivation ist Leben nicht denkbar. Wir würden uns weder für Essen, Trinken oder Schlafen interessieren, was körperliche Grundbedürfnisse sind. Noch würden wir Beziehungen eingehen, weil uns nichts an anderen Menschen anziehen würde.

Menschliche Grundbedürfnisse werden durch unterschiedliche Motivationssysteme befriedigt. Das Vermeidungssystem zielt, wie bereits sein Name vermuten lässt, auf das Vermeiden von leidvollen Erfahrungen ab. Es ist eng mit den Strukturen des Hirnstamms verbunden, die für unser Überleben unabdingbar sind. Sie zählen zu den ältesten Teilen unseres Gehirns. Angst ist das prägende Gefühl dieses Motivationssystems. Sein Motto lautet in etwa: »Nichts wie weg von hier ins sichere Zuhause!« Würden wir über dieses Motivationssystem nicht verfügen, hätten wir nicht nur als Menschheit nicht überlebt, sondern würden in vielfältigen Gefahrensituationen des alltäglichen Lebens auch heute rasch den Kürzeren ziehen.

Ganz anders funktioniert unser Annäherungssystem. Dieses lässt uns Angenehmes suchen. Es handelt sich also um eine Hin-Bewegung: zu Menschen, die uns guttun; Umgebungen, in denen wir uns entspannen können; aber auch zu Zielen, die wir mit Begeisterung erreichen möchten. Solche Erfahrungen gehen oft mit dem Gefühl von Verbundenheit einher und sind oft auch getragen von Wertschätzung, Fürsorge und Liebe. Auch diese Gefühle umfassen wesentliche Grundbedürfnisse menschlicher Existenz. Sie sind Ansporn und Sinn für unser Handeln und Dasein.

Wenn es uns gelingt, im Modus der Annäherung auf Aspekte des Lassens, des Weniger, des Bereits-genug zuzugehen, dann werden wir mit deutlich größerer Wahrscheinlichkeit dabei zufrieden und letztlich auch erfolgreich sein. Die Grundfrage lautet also: Was daran zieht mich an, was spricht mich an und begeistert mich? Wofür könnte sich ein Weniger lohnen? Wozu ist das Seinlassen in einer jeweils konkreten Situation gut für mich?

Solche Zielorientierungen sind wichtig, weil sie uns dabei helfen, uns auf den Weg zu machen. In der Haltung der Annäherungsziele ist dann tatsächlich der Weg das Ziel. Es kommt nämlich nicht entscheidend darauf an, das Ziel zu erreichen, sondern mich darauf zuzubewegen. Wenn ich mich leichter und freier fühlen will, dann kommt das Abwerfen von jeder Art von Ballast diesem Ziel näher. Hirnphysiologisch bedeutet das, dass bei jedem Schritt in die gewünschte Richtung das Belohnungshormon Dopamin ausgeschüttet wird. Das fühlt sich nicht nur gut an, es motiviert uns auch, auf dem eingeschlagenen Weg zu bleiben.

Frau W. hatte seit ihrer dritten Schwangerschaft an Gewicht zugelegt. Verschiedene Diäten waren gescheitert und hatten den Frust erhöht, der mit Schokolade ausgeglichen wurde. Immer wieder hatte sie sich dazu angehalten, nicht so viel zu essen, um sich dann häufig enttäuscht vor dem erneut leer gegessenen Kühlschrank wiederzufinden. Auf der Suche nach einer attraktiven Formulierung für ihre Bedürfnisse fand sie schließlich den Satz: »Ich gönne mir einen leichten Magen.« Spontan machte sich ein Lächeln auf ihrem Gesicht breit, als sie diesen Satz laut aussprach. Vier Wochen später hatte sie fünf Kilogramm an Gewicht verloren, mit Freude und nicht durch Verbote, wie sie stolz berichtete.

Und noch etwas ist aus meiner Sicht sehr bedeutsam. Es wird immer mal Tage geben, an denen nichts zu gehen scheint oder man sogar das Gefühl hat, als ginge es wieder rückwärts. Das ist menschlich und ganz normal. Wenn man daraus dann allerdings ableitet, dass man es dann ja gleich lassen könne, verbaut man sich eine Menge. In der systemischen Beratung und Therapie spricht man deswegen auch von Vorfällen statt von Rückfällen. Das gefällt mir aus unterschiedlichen Gründen: Es beschreibt etwas Menschliches, dass Dinge eben vorkommen; und es behält das Ziel im Auge, weil die Richtung nicht nach hinten, sondern nach vorne weist. Das macht einen entscheidenden Unterschied. Und genau den braucht es für Veränderungen. Probieren Sie es doch mal aus!

Das Züricher Ressourcenmodell[35] bietet sich für die Arbeit mit Annäherungszielen besonders gut an. Es bezieht nämlich unsere unbewussten Bedürfnisse mit ein. Dies geschieht über die spontane Wahl eines Bildes, das mich am meisten anspricht, ja, vielleicht sogar anspringt, ohne dass ich weiß, warum. Ein solches Bild kann zum Beispiel als Postkartensammlung tatsächlich vorliegen, genauso könnte man aber auch Bilder aus der Natur vor dem inneren Auge entstehen lassen, die einem zum gewählten Thema in den Sinn kommen – spontan und ohne langes Nachdenken. Der Verstand darf an dieser Stelle bewusst Pause machen. Er folgt nämlich üblicherweise meist leistungsbezogenen inneren und äußeren Zielvorgaben. Selbst gut gemeinte gesundheitsbezogene Ideale sowie leistungsbezogene Fitnessvorstellungen sind hier angesiedelt. Die meisten werden damit schon Erfahrung gemacht haben und vielleicht genau daran gescheitert sein. Die große Gefahr besteht darin, dass nur noch die Leistungsstarken, Schönen, Schlanken und Schnellen zum allgemeinen Maßstab erhoben werden. Man selbst gibt irgendwann auf. Das müsste so nicht sein!

Über die unbewussten Bedürfnisse verbinden wir uns mit unserem bisherigen Erfahrungswissen und emotionalen Gedächtnis. Auf diese Weise entstehen Ziele, die für den Einzelnen wirklich attraktiv sind und somit eine deutlich höhere Wahrscheinlichkeit auf Umsetzung mit sich bringen. Dabei geht es letztlich um die Entwicklung einer situationsübergreifenden neuen Haltung. Wir können diesen Prozess auch über ein bestimmtes Thema ansteuern, im hiesigen Fall über das Thema Leichtigkeit durch Verzicht und (Weg-)Lassen. Wir können darauf vertrauen, dass in jedem von uns eine Sehnsucht danach schlummert. Vielleicht taucht bei Ihnen schon jetzt spontan ein Bild dazu auf. Folgen Sie dem und entwickeln Sie daraus eine passende Motivationshilfe, aber bitte auf dem Weg der Annäherung.

Beachten Sie dabei: Annäherungsverhalten kommt ohne Verneinung aus! Das bedeutet, dass in einer motivierenden Zielformulierung auch keine »versteckten Vermeider« auftauchen dürfen. Im Züricher Ressourcenmodell ist das sehr gut hergeleitet und erklärt. Unser Gehirn kann mit Verneinungen nichts anfangen, weil sie sich nicht in bildhafte Sprache, womit unser Gehirn vorzugsweise arbeitet, umsetzen lassen. Ein Vorsatz wie »ich will nicht mehr rauchen« ist somit aus mehreren Gründen für das Erreichen dieses sinnvollen Ziels unwirksam. Wenn unser Gehirn das »nicht« streicht, dann bleibt der Erfolg logischerweise aus. Und zweitens ist das Wörtchen »will« ein sogenanntes Modalverb, das eigentlich auf eine Zukunft verweist. Daraus macht unser Gehirn dann: Nicht schon heute, morgen ist auch noch ein Tag. Kein Wunder also, dass dieser vermutlich häufigste Silvestervorsatz genauso häufig scheitert.

Bleiben wir zur Verdeutlichung des Gesagten noch kurz bei dem Thema Rauchstopp. Ein unterstützendes Annäherungsziel würde stattdessen etwa folgendermaßen lauten: »Ich sorge gut für meine Gesundheit.« Vielleicht denken Sie jetzt: Was hat denn das mit einem Rauchstopp zu tun? Mehr, als man denkt. Vor allem ist jeder Schritt in die gewünschte Richtung – eine Zigarette weniger, einmal statt keinmal Sport, ein längerer Spaziergang, ein Apfel täglich – ein Erfolg, den unser Gehirn auch als solchen registriert, wenn wir es mit unserer Aufmerksamkeit dabei unterstützen. Und Erfolgserlebnisse motivieren bekanntermaßen. Habe ich hingegen mein Ziel mit Vermeidungsformulierung unterlegt, dann muss auch eine Reduktion des Zigarettenkonsums von 20 auf 2 als Misserfolg gelten – ein häufiger Grund für die Rückkehr zum alten Muster.

Achtung: Unsere Sprache ist trickreich. Auch die Steigerungsform, der sogenannte Komparativ, ist ein »Vermeider«. Wenn ich also in bester Absicht formuliere: »Ich sorge ab jetzt mehr für meine Gesundheit«, dann sorgt das für Unklarheit und für Misserfolgsgefühle. Warum? Weil für unser inneres Bewertungssystem stets unklar bleibt, was denn mit »mehr« gemeint und wann dieses »Mehr« erreicht ist. Schnell kann sich hier ein für viele Menschen vertrautes Gefühl von »Es ist nie genug – mach mehr« einstellen. Und so lässt man es bald wieder.

Es lohnt sich also aus Sicht der Motivationspsychologie und der Hirnforschung eine klare positive Haltung für eine Veränderung in Richtung Lassen zu formulieren. Wenn Sie dafür eine besonders bildhafte Sprache wählen, tun Sie Ihrem Gehirn einen besonderen Gefallen – es liebt nämlich Bilder. Probieren Sie es aus!

Den Körper als Feedback- und Impulsgeber nutzen lernen

> *Das Schwierigste am Leben ist es, Herz und Kopf dazu zu bringen, zusammenzuarbeiten. In meinem Fall verkehren sie noch nicht einmal auf freundschaftlicher Basis.*
> Woody Allen

Ich habe schon darauf hingewiesen, dass unser Körper ein sehr zuverlässiger Feedbackgeber ist. Er greift intuitiv auf unser Erfahrungswissen zurück, wir haben dafür zum Beispiel den Begriff des »Bauchgefühls«. Selbstverständlich müssen wir das immer auch mit unserem Verstand abgleichen, aber nutzen sollten wir es.

Frau H. berichtete mir, dass sie eine neue Stelle angetreten habe. Sie habe sich mit dieser Entscheidung von Anfang an unwohl gefühlt, aber ihre Freundinnen hätten sie derart bedrängt, dass sie zugesagt habe. Es handele sich um einen angesehenen Arbeitgeber und zudem stimme auch noch das Gehalt, da könne man ja nur freudig zusagen, so argumentierten sie. Nun, ein Jahr später, bedauert sie, dass sie nicht auf ihr Bauchgefühl gehört habe. Sie käme mit dem Chef nicht aus, das habe sie bereits im Vorstellungsgespräch gespürt, habe aber täglich mit ihm zu tun. Jeden Morgen gehe sie angespannt und wie mit einer Last auf den Schultern zur Arbeit. Sie fühle sich derart verspannt, dass sie schon mehrfach Spritzen dagegen bekommen habe. Es müsse sich etwas ändern.

Vielleicht kennen Sie auch solche Rückmeldungen aus Ihrem Inneren. Diese kommen übrigens nicht nur aus dem sprichwörtlichen Bauch. Verspannungen und Druckgefühle, ein Kloß im Hals oder eine Schwere ums Herz sind wichtige Hinweise. Der Volksmund hat für dieses uralte Erfahrungswissen noch viele weitere Ausdrücke auf Lager. Aber genauso wichtig sind positive Feedbacks: Ein entspanntes Durchatmen, ein strahlendes Lächeln, eine Wärme in der Bauchgegend und nicht zu vergessen die berühmten Schmetterlinge im Bauch. Der Neurowissenschaftler Antonio Damasio spricht von »somatischen Marker«, die er als wichtiges Körperwissen auch wissenschaftlich nachgewiesen hat. Wie so oft wird durch die moderne Wissenschaft jahrhundertealtes kollektives Wissen bestätigt. Manchen ist dieser Wissenschaftshype egal, anderen eröffnet er allerdings erst den Zugang zum Thema.

Übrigens geben selbst CEOs hinter vorgehaltener Hand immer mal wieder zu, dass bei ihren Entscheidungen ihr Bauchgefühl eine entscheidende Rolle gespielt habe. Nur könnten sie das natürlich vor keinem Aufsichtsrat oder vor den Aktionären so verkaufen. Deswegen würden sie dann entsprechende Belege suchen, die der Verstand logisch und nachvollziehbar finde.

Auf den Körper zu hören, macht also Sinn. Er verfügt über ein Wissen, zu dem der Verstand keinen Zugang hat. Wir können lernen, darauf zu vertrauen und es in Entscheidungsprozesse einzubeziehen. Unser Körper spürt aber auch, ähnlich einem Seismografen, schon früh herannahende Erschütterungen, zum Beispiel Überlastungen oder ungute Beziehungen. Wir haben leider oft verlernt, seine Sprache zu verstehen oder auf sie zu hören. Lange verzeiht der Körper uns das ja auch, aber nicht ewig. Udo Lindenberg, der seinen exzessiven Lebenswandel radikal verändert hat, beschreibt das in einem Dankeslied an seinen Körper folgendermaßen: »Ich muss Dir jetzt was sagen, ich zoll' Dir meinen Respekt, Du hast den ganzen Wahnsinn weggesteckt!«

Der Blick auf den Körper als innerer Ratgeber ist allerdings noch lange nicht alles, was wir nutzen können. Der Körper mit seiner Ausdruckskraft stellt nämlich einen Zugang für Veränderungen dar, den man leicht beeinflussen kann. Wunderbar kann man die Kraft der Körpersprache im Sport verfolgen: Abklatschen, High-five, Hände in die Luft reißen und vieles mehr. Stellen Sie sich nun vor, Sie würden eine bestimmte Geste nutzen, wenn Sie bei etwas erfolgreich waren! Die meisten werden sofort spüren, dass sich das einfach intensiver anfühlt und damit den Erfolg verstärkt. Auf diese Weise lassen sich viel leichter neue Verhaltensmuster etablieren.

Genauso kann man auch einen neuen Vorsatz körperlich untermalen. Im Züricher Ressourcenmodell wurde hierzu ein sehr umfassendes Vorgehen erarbeitet. In der Klinik nutzen wir es seit vielen Jahren erfolgreich in der Prävention von psychischen Erkrankungen. Wenn mein neuer Vorsatz beispielsweise lautet: »Ich bewege mich mit Leichtigkeit durch den Dschungel meines Alltags«, dann könnte das mit einer Geste eines Flügelschlags verbunden sein oder – für andere unsichtbar – eine Wellenbewegung mit einem Finger. Was vielleicht unnötig oder gar etwas verrückt klingt, lässt sich neurobiologisch wunderbar untermauern: Wir bahnen über Körperkoordination neue Verschaltungen im Gehirn. So entsteht viel schneller aus einem Trampelpfad ein gangbarer Weg.

Noch einfacher und anschaulicher wird es, wenn wir die Wirkung einer aufrechten gegenüber einer geduckten Körperhaltung betrachten. Die Körperhaltung strahlt etwas aus, was wirkt. Nicht nur auf andere, das ist ja schon prima, sondern sogar auf die eigenen Gefühle und damit auf mich selbst. Wenn ich mich immer wieder bewusst aufrichte, tief durchatme und ein freundliches Gesicht mache, verändern sich meine Gefühle positiv in diese Richtung. Es ist also nicht nur so, dass Gefühle sich im Körper und in seiner Haltung ausdrücken, sondern auch umgekehrt: Die Körperhaltung kann die Gefühle verändern! Wenn das kein Grund ist, dafür bewusst etwas zu tun.

Frau B., eine 25-jährige Lehramtsstudentin, suchte mich auf, weil sie durch ihre erste Referendariatsprüfung gefallen war. Ihre letzte Chance wartete in zwei Tagen auf sie, diese Prüfung musste sie bestehen, wenn nicht ihr ganzes Studium umsonst gewesen sein sollte. Was also tun? Ich fragte sie, welche Pflanze für sie Kraft und Halt symbolisiere. Spontan nannte sie die Eiche. Dann bat ich sie, genau diese Eichen-Haltung jetzt einzunehmen. Wie eine Eiche zu stehen – vor der Klasse und den Prüfern. Worin läge der Unterschied zu ihrer bisherigen Körperhaltung? Wo genau im Körper nehme sie das wahr? Wie fühlte es sich an? Ich bat sie, diese Haltung so oft wie möglich bis zu ihrer Prüfung einzuüben und sich ein Eichenblatt als Erinnerungshilfe mit in die Prüfung zu nehmen. Zwei Tage später erhielt ich eine überschwängliche Dankes-Mail. Sie hatte die Prüfung mit der Note 1 bestanden, die Prüfer waren beeindruckt von ihrer Klarheit und Haltung gewesen. Ich sah Frau B. nie wieder. Aber spätestens seit damals bin ich fest davon überzeugt, dass unser Körper eine extrem wertvolle Ressource bereithält und dass es oft viel wirkungsvoller ist, eine unterstützende Haltung zu finden als gute Worte.

Welche Körpersignale kennen Sie bei sich? Haben Sie diese schon einmal für Entscheidungen genutzt? Wann zuletzt? Und welche Erfahrungen haben Sie damit gemacht? Angenommen, Sie würden sich mehr auf Ihren Körper verlassen, was würde sich dadurch verändern?

Kleine Schritte gehen

> *Wer sich kennt, kann sicher vor*
> *und rückwärts gehen.*
> J.W. Goethe

Jede Reise beginnt bekanntlich mit dem ersten Schritt. Genauso verhält es sich mit Veränderungsprozessen. Ein Ziel vor Augen hilft dabei, loszugehen. Eine Absicht zu formulieren, gibt die Richtung vor, in die mein Pfeil fliegen soll. Ein Bogenschütze braucht eine solche Ausrichtung genauso wie wir, wenn sich etwas bewegen soll. Dass das Ziel selten rasch und einfach erreicht werden kann, ist zwar an sich verständlich, muss dennoch immer wieder betont werden. Deswegen ist es wichtig und hilfreich, den Weg in einzelne Etappen aufzuteilen und diese zu feiern. Das wunderbare an Annäherungszielen ist, dass sie zu einer Grundhaltung und nicht primär zu einem zu erreichenden Endpunkt einladen. Wenn Sie für sich eine neue Haltung Ihrem Leben gegenüber entwickeln und hierfür ein neues Motto finden, dann ist das Erreichen des Ziels zweitrangig. Denn das Schöne an Annäherungszielen ist, dass sich bereits die eingeschlagene Richtung gut anfühlt.

Wenn Ihr neues Motto zum Beispiel lautet: »Ich genieße die Freiheit des Weniger«, dann ist überhaupt nicht festgelegt, was das genau bedeutet. Das mag zunächst eigenartig erscheinen, als ob das Ziel nicht klar genug formuliert wäre. Es ist allerdings genau andersherum: Bei jedem Schritt in die neue Richtung können wir ein kleines Erfolgserlebnis verbuchen. Darauf reagiert unser Gehirn mit der Ausschüttung von Dopamin, unserem Belohnungshormon. Und das fühlt sich gut an. Es ist dabei wichtig, dass diese neuen Haltungsziele so zu formulieren sind, dass sie zu hundert Prozent unter der eigenen Kontrolle stehen. Sie dürfen nicht davon abhängig sein, dass die Umgebungsbedingungen möglichst optimal sind. Die kann ich nämlich nicht beeinflussen.

Weiter ist es wichtig, das Ziel im Präsens, also der Gegenwartsform, zu formulieren. Auch hier regt sich womöglich Unverständnis, scheint unser Ziel doch in der Zukunft zu liegen. Unser Gehirn ist immer im Augenblick. Formuliere ich beispielsweise »Ich werde ab morgen gut auf mich achtgeben«, dann denkt sich unser Gehirn, dass es heute ja noch nicht damit beginnen muss. Das hat fatale Auswirkungen. Überprüfen Sie einmal, ob Sie in der Vergangenheit bei guten Vorsätzen vielleicht genau daran gescheitert sind.

Die neue Formulierung des Mottoziels muss sich auch zu hundert Prozent gut anfühlen. Hier sollte alles stimmen und sich nicht noch irgendwo im Inneren ein kleines Aber melden. Es hilft, wenn man die verwendeten Worte daraufhin genauer unter die Lupe nimmt. Manchmal wird einem erst dabei bewusst, dass sich gegenüber einem bestimmten Begriff ein inneres Grummeln meldet. Nehmen Sie das ernst und finden Sie einen passenderen Begriff. Dieser vielleicht etwas aufwändige Suchprozess macht sich später bezahlt, weil die Motivation genau davon abhängt, wie gut sich etwas anfühlt und wie stark mich etwas anzieht. Wer sich für diese besondere Art der Zielentwicklung näher interessiert, sei nochmals auf das Züricher Ressourcenmodell verwiesen, in dem einerseits die wissenschaftlichen Hintergründe beleuchtet werden, andererseits das praktische Vorgehen genau beschrieben ist.

Mir ist nicht bekannt, ob Cliff Young ein bestimmtes Motto hatte, als er 1983 in Australien bei einem Ultramarathon von Sydney nach Melbourne antrat, einer der längsten und härtesten Läufe der Welt. Es sollte über 875 Kilometer gehen und im Schnitt etwa sieben bis acht Tage bis ins Ziel dauern. An diesem Marathon nahmen nur Weltklasseathleten teil, die lange und speziell für diese Rennen trainiert hatten. Sie schienen perfekt vorbereitet und von Sponsoren aus aller Welt und den besten Sportärzten unterstützt. Die unumstößliche Meinung aller Experten lautete: Pausen für Massagen und circa fünf Stunden Schlaf pro Nacht, anderenfalls war das Ziel nicht zu erreichen.

Kurz vor dem Start wollte man noch ein Foto vor versammelter Weltpresse mit den etwa 150 Teilnehmern schießen. Plötzlich gesellte sich ein etwa doppelt so alter Mann zu den Athleten dazu, er trug Arbeitsstiefel und einen eigenartigen Overall. Man bat ihn aus dem Weg zu gehen, doch zur Überraschung aller teilte er mit, dass er an dem Rennen teilnehmen wolle. Sein Name war Cliff Young – und er sollte zur völligen Überraschung aller in die Geschichte eingehen.

Zunächst machte man sich lustig über ihn und schon kurz nach Beginn des Rennens fühlten sich alle Experten bestätigt, denn Cliff Young schlug ein langsames Tempo an und verlor rasch den Anschluss. Doch, was keiner für möglich gehalten hatte, Cliff lief bis auf einige Kurzschlafphasen einfach durch. Am nächsten Tag führte er das Feld bereits an. Nun glaubten alle, dass er das niemals durchhalten würde und spotteten über eine derart kurzsichtige Taktik eines Anfängers. Das Lachen sollte ihnen vergehen. Denn Cliff Young machte einfach weiter so, langsam, aber beständig, und gewann den Ultramarathon von Sydney nach Melbourne in der absoluten Rekordzeit von 5 Tagen, 15 Stunden und 4 Minuten.

Bis dahin hatte man eine solche Zeit für unmöglich gehalten. Und so wurde Cliff Young zu einem Nationalhelden, er inspirierte durch seine unbekümmerte Art eine ganze

Nation. Er besiegte die besten Langläufer der Welt, deren Ältester gerade einmal halb so alt war wie er. Was alle Experten für unabdingbar hielten, wusste Cliff Young nicht, oder es kümmerte ihn nicht. Er lief im wahrsten Sinne des Wortes seinen Stiefel – und gewann.

Mir geht es mit dieser Geschichte nicht um die gigantische Leistung eines Ultramarathons, sondern um das beharrliche Verfolgen der eigenen Ziele. Eindrucksvoll zeigt diese wahre Geschichte, dass man in seinem Tempo und auf seine, vielleicht sehr unkonventionelle Weise sehr weit kommen kann. Dabei wird man immer ein Sieger sein, egal ob man dafür eine Auszeichnung erhält oder nicht.

Auf diese Weise entsteht mit jedem kleinen Schritt der Weg in die gewünschte Richtung. Wenn Sie die kleinen Erfolge registrieren, festigen Sie die Richtung und lassen aus dem anfänglichen Trampelpfad eine immer besser sichtbare Straße werden, die dann auch immer leichter begangen werden kann.

Weil unser Gehirn zwar schnell lernt, aber nicht im Vorbeigehen, lohnt es sich, die kleinen Erfolge und Fortschritte zu dokumentieren und darüber zu reden. Schon 10 bis 15 Sekunden reichen, damit sich neue Netzwerke in unserem Gehirn bilden.[36] Dies geschieht nach dem Grundsatz der Hirnforschung, dass Nervenzellen sich vernetzen, die gemeinsam aktiviert werden (Hebb'sches Gesetz). Wahrnehmen, Aufschreiben, Nachlesen und Erzählen der erfolgreichen kleinen Schritte lässt neue Landkarten in unserem Kopf entstehen.

Es soll bei all dem um nichts primär Anstrengendes oder Verbissenes gehen, sondern um Schritte, die mit Lockerheit und Freude gegangen werden, ähnlich wie bei dem folgenden buddhistischen Scherz:
»Meister, Meister,
wie lange brauche ich bis zur Erleuchtung?«

»Nun, vielleicht zwanzig Jahre.«
»Und wenn ich mich wirklich sehr anstrenge?«
»Dann vierzig Jahre.«

 Welche Ziele haben Sie in Ihrem Leben schon erreicht? Was hat Ihnen dabei geholfen? Wie groß waren die Schritte zum Ziel? Sind Sie eher ungeduldig beim Vorwärtskommen oder können Sie sich dabei auch Zeit lassen?

Mit Schwierigkeiten rechnen

*Wenn der Weg unendlich scheint und
plötzlich nichts mehr gehen will,
gerade dann darfst du nicht zaudern.*
Dag Hammarskjöld

Schwierigkeiten sind kein Zeichen von Misserfolg, sondern der Dünger für Wachstum. Zahllose Biografien zeugen davon. Erfolgsgeschichten werden erstens nicht an einem Tag geschrieben und zweitens nicht ohne Herausforderungen und vermeintliche Rückschläge. Jeder halbwegs spannende Kinofilm kennt diesen Aufbau: Nach anfänglichen Erfolgen kommt irgendwann der Punkt, an dem scheinbar nichts mehr zusammenpasst und die Geschichte zu scheitern droht. Schließlich gelingt den Beteiligten doch noch ein glückliches Ende.

Wenn man anderen von seinen Schwierigkeiten erzählt, bekommt man häufig zur Antwort: »Mach's doch einfach so.« Auch unter Patienten in psychosomatischen Kliniken ist das ein sehr verbreiteter, gut gemeinter Satz. Nur hat er leider fatale Konsequenzen. Warum?

Erstens: Wenn es so einfach wäre, hätte ich es selbst doch längst schon gemacht. Zweitens: Wenn ich es jetzt nicht »einfach« schaffe, muss es an mir liegen, weil ich mich offensichtlich zu blöd anstelle. Das ist ja wieder typisch, dass ausgerechnet ich etwas so Einfaches nicht hinbekomme. So oder ähnlich wird der innere Dialog auf dieses »einfach« sein. Die Gefahr, es dann wieder zu lassen, ist groß. Das als Ermutigung gemeinte »mach's doch einfach so« entpuppt sich bei genauerer Betrachtung als »Entmutiger«.

Es verhält sich nämlich genau andersherum: Veränderungen sind anstrengend, manchmal gibt es Vorfälle – von den meisten als Rückfälle bezeichnet –, manchmal scheint nichts mehr zu gehen, und doch ist Veränderung möglich. Wenn man sich das bewusst macht, geht man an Veränderungen anders heran, als wenn man erwartet, dass es wie von selbst »flutscht«. Da kann Sprache einen bedeutsamen Unterschied machen. Und wenn wir uns das Wort Rückfall anschauen, steckt genau das drin, was die meisten damit auch intuitiv verbinden: Versagen. Das Wort Vorfall kommt ganz anders daher, es ist nicht von vornherein negativ belegt, sondern beschreibt eher etwas, was durchaus mal vorkommen kann und damit normal ist. Dass das einen riesigen Unterschied für den Umgang mit dem Geschehen machen kann, lässt sich vielleicht jetzt schon erahnen. Probieren Sie es doch mal aus.

Hr. B. war ein äußerst erfolgreicher Rechtsanwalt, er war beliebt und anerkannt. Nach einem beruflichen Misserfolg geriet er in eine Depression, die er lange nach außen und selbst gegenüber seiner Frau verheimlichte. Stattdessen griff er zum Alkohol, in seinem Fall besonders fatal, da er seine Alkoholerkrankung in jungen Jahren erfolgreich hatte beenden können. Er schämte sich für sein Verhalten und empfand es als persönliches Versagen und Rückfall. Wir kamen darüber ins Gespräch, ob es für ihn einen Unterschied machen könnte, die gegenwärtige Krise als Vorfall statt als Rückfall zu bezeichnen. Sofort bemerkte er eine körperlich spürbare Entlastung, die Beklemmung wich, stattdessen machte sich Hoffnung und Mut breit, wieder auf den langen und erfolgreichen Weg der Abstinenz zurückzukehren.

Viele meiner Patienten äußern den Wunsch, endlich mal Nein zu sagen ohne schlechtes Gewissen. Das ist verständlich, aber unrealistisch. An anderer Stelle habe ich bereits ausführlich darauf hingewiesen.[37] Wenn ich etwas an einem gut eingespielten Verhaltensmuster ändere, indem ich beispielsweise mehr auf meine Bedürfnisse achte und deswegen auch mal Nein sage, wird sich in mir die Stimme melden, die wir in der Regel als schlechtes Gewissen bezeichnen. Mit Gedanken wie: Das macht man doch nicht; ich kann den anderen doch nicht enttäuschen; was sollen die anderen denken; und viele andere mehr.

Das ist normal und es ist gut, schon im Vorfeld damit zu rechnen. Dann kann ich mich nicht nur darauf vorbereiten, sondern diese Gedanken vielleicht sogar als das nutzen, was sie auch sind: Hinweise darauf, dass ich mich offensichtlich gerade um mich kümmere. So verstanden, muss ich mich vor dem schlechten Gewissen nicht mehr fürchten, im Gegenteil, ich kann mich sogar bei ihm für die Unterstützung auf dem Weg zur Veränderung bedanken.

Schwierigkeiten gehören zu Veränderungsprozessen dazu, weil Veränderungen immer mit dem Gewohnten brechen. Unser Organismus hält deswegen so gerne am Gewohnten fest, weil es vertraut ist. Vertrautes fühlt sich irgendwie gut an, es geht meist wie von selbst (automatisch) und spart deswegen zunächst immer auch Energie. Denn ich muss ja nicht erst groß nachdenken, sondern so handeln wie immer. Ich finde es wichtig, darauf in allen Beratungs-, Therapie- und Coachingkontexten hinzuweisen, weil es eben handfeste, gute Gründe für das Gewohnte gibt. Erst wenn ich das berücksichtige, kann ich mit mir selbst nachsichtiger und freundlicher umgehen, wenn ich spüre, dass Veränderung schwer ist und deswegen oft langsam vonstattengeht.

Ja, sie kann sich sogar unangenehm anfühlen und drücken wie ein zu enger Schuh. Es ist nämlich genau so: Am Anfang ist der neue Schuh noch zu eng, im Laufe der Zeit wird er sich weiten. Darum sollten wir auch nicht permanent darauf schauen, ob sich schon etwas verändert hat, sondern dem Veränderungsprozess die Zeit geben, die er braucht, und den natürlichen Schwankungen gelassen begegnen. Wer abnehmen will, sollte sich nicht jeden Tag wiegen, sondern einmal in der Woche. Daran kann man sich bei anderen Themen gut orientieren. Und dennoch gilt: Das Unangenehme kann genau das Richtige sein! Darum geht es unter anderem im nächsten Kapitel.

 Macht es einen Unterschied für Sie, wenn Sie mit Schwierigkeiten rechnen, wenn Sie davon ausgehen, dass Veränderung anstrengend sein kann und Zeit benötigt? Und können Sie lernen, deshalb wohlwollend mit sich umzugehen?

Persönliche Werte und authentisches Handeln

*Ich bin der Wahrheit verpflichtet, wie ich sie jeden Tag erkenne,
und nicht der Beständigkeit.*
Mahatma Gandhi

Der persönliche Erfolg und damit einhergehend eine tiefe Zufriedenheit stellen sich dann am ehesten ein, wenn der eingeschlagene Weg den eigenen Werten entspricht. Gegen die eigene Überzeugung machen wir auf lange Sicht keinen Stich. Erfolge fühlen sich dann schal und leer an und verlieren so schnell ihre Zugkraft. Persönliche Werte tragen zu einem authentischen Handeln bei. Das folgt dem inneren Kompass von Stimmigkeit. Schon Viktor Frankl sprach in diesem Zusammenhang von Sinnverwirklichung, wenn Leben aus dieser Haltung heraus gelingt. Auch in seinem Verständnis geht es nicht um den einen großen Wurf. Gemeint sind vielmehr die vielen kleinen Werte im Alltag. Freundlichkeit könnte zum Beispiel solch ein Wert sein. Dann habe ich täglich unzählige Möglichkeiten der Umsetzung.

Bis heute habe ich tiefen Respekt vor der Freundlichkeit, die ich in Amerika an fast jeder Ecke angetroffen habe. Noch abends um 22 Uhr begleitete mich ein Verkäufer freundlich und hilfsbereit zum Milchregal, das ich nicht gefunden hatte, um dann nachzufragen, ob er mir sonst noch helfen könne. Zurück in Deutschland fühlte ich mich zunächst wie in eine dunkle Wolke von Unfreundlichkeit hineingezogen, bis ich mich wieder daran gewöhnt hatte – leider. Seither ist mir unverständlich, warum die amerikanische Freundlichkeit reflexartig mit Oberflächlichkeit gleichgesetzt wird. Das eine hat mit dem anderen nichts zu tun. Freundlichkeit ist ein wunderbarer, ansteckender, die Stimmung anhebender Wert an sich!

Unsere Werte bestimmen auch über unsere Zukunft. Das wird spätestens jetzt in der Klimadebatte deutlich. Ein Weiter-So bedeutet in naher Zukunft das Ende einer Erde, wie wir sie bisher kannten. Mache ich mir bewusst, wie ich unsere Erde meinen Enkeln und weiteren Generationen hinterlassen will, dann kann das nur mit einem Verzicht im Hier und Heute verbunden sein. Wenn einer meiner persönlichen Werte Mitmenschlichkeit und Verbundenheit ist, dann verändert sich der Verzicht in sinnvolles Handeln. Und vor allem werden wir dann dazu fähig werden, die nachvollziehbaren Ängste zu überwinden, die rasch beim Thema Verzicht aufkommen. Die Blickrichtung auf den Gewinn dabei ist hilfreich und notwendig, um uns nicht von Verlustängsten mitreißen zu lassen.

Es war Viktor Frankl, der in der Verwirklichung von persönlichen Werten den Zugang zum Sinnerleben postulierte. Immer dann, so Frankl, wenn wir unsere Werte leben, erleben wir Sinn. Dabei ging es ihm nicht um den Sinn des Lebens, sondern vielmehr um die vielen täglichen persönlichen Sinnmomente, aus denen sich ein gelingendes Leben zusammensetzt. Dazu zählen Erlebnisse wie das bewusste Wahrnehmen eines Sonnenuntergangs oder Musikstücks sowie eines unterstützenden persönlichen Gesprächs genauso wie die Hilfe, die ich jemandem heute geleistet habe: meinem Kind bei den Schulaufgaben, jemandem im Straßenverkehr oder in meinem beruflichen Tun. Finden solche Sinnerfahrungen nicht statt, so Frankl weiter, werden wir seelisch krank. Frankl begründete damit eine eigene psychotherapeutische Richtung, die Logotherapie und Existenzanalyse.[38] Vieles von dem, was Frankl bereits in den 30er- und 40er-Jahren des letzten Jahrhunderts entwickelt hatte, ist heute vielfach bestätigt. Die wachsende Zahl der

Burn-out-Erkrankungen belegen seine Erkenntnisse. Oft steht hinter der Erschöpfung nämlich die Frage nach dem, was wirklich zählt, die Frage nach Sinn und Werten.

Auch das modere Konsumverhalten kann als Versuch gesehen werden, eine unbefriedigte Sehnsucht nach Sinn und Werten zu überdecken. So formulierte bereits 1983 der Philosoph Odo Marquard: »Weil der Lebenssinn verloren gegangen ist, flieht man in Surrogate: eben in das Anspruchsdenken. Die Ansprüche steigen, weil der Sinn ausbleibt: die moderne Wohlstandsgesellschaft ist – objektiv betrachtet – der Versuch, den verlorenen Sinn durch Luxus zu ersetzten, [...] die moderne Anspruchsgesellschaft ist der Kummerspeck des Sinndefizits: Weil das Leben, das man lebt, leer ist, braucht man es – und alles in ihm – mindestens zweimal.«[39] Das klingt aktueller denn je und die Folgen können wir an vielen Stellen beobachten. Wir haben eben genau diese zwei oder mehr Erden nicht, deren Ressourcen wir aber so nutzen beziehungsweise ausbeuten, als hätten wir sie.

Folgt man dem Gedankengang von Marquard, dann hat sich ein großer Teil der Weltgemeinschaft einen erheblichen Kummerspeck angefressen, um die innere Leere und Unzufriedenheit zu überspielen. Gleichzeitig könnte Konsumverzicht die Frage nach Sinn und Werten neu entfachen. Oder positiv formuliert: Konsumverzicht kann ein wesentlicher Beitrag dazu sein, sich dem zuzuwenden, was mich wirklich zufrieden und glücklich machen kann. Dass es dazu keines Lebens im Luxus bedarf, wusste schon der griechische Philosoph Epikur. »Epikur lebte ein bemerkenswert schlichtes Leben. Er trank lieber Wasser als Wein, kleidete sich einfach, besaß nur wenige Dinge und hatte eine bescheidene Wohnung. Auch beim Essen legte er Wert auf Einfachheit. Er bevorzugte Gemüse, Oliven, Bauernbrot und Käse. Dennoch war für ihn ein Maximum an Vergnügen das erstrebenswerte Ziel im Leben. Zu diesem Zweck, so lehrt er uns, sollten wir zügellosen Konsum unterlassen und jene Dinge schätzen, die leicht zu haben sind. Wer dies beherzigt, meinte er, wird immer glücklich sein: keine stressigen Ausflüge ins Einkaufszentrum, keine Abhängigkeiten, keine Schulden, kein ständiges Jagen nach teuren oder exotischen Dingen. Auf diese Weise kann das Vergnügen sich immer und überall einstellen, wird nicht von fremden Werten bestimmt und bleibt nicht auf ewig unerreichbar.«[40]

Zur gleichen Zeit wie Epikur existierte eine vermeintlich gegensätzliche philosophische Schule, die Stoiker. Noch heute reden wir von einer stoischen Haltung, wenn jemand scheinbar unbeeindruckt von Äußerlichkeiten bei einer klaren inneren Haltung bleibt. Auch die Stoiker suchten nach dem besten Rezept für ein glückliches Leben. Ihre Antwort war die Einfachheit im Einklang mit der Natur. Ihr Weg dahin galt aber nicht den Vergnügungen des Lebens, sondern vielmehr der Selbstbeherrschung und inneren Stärke, um damit Leidvolles und negative Gefühle zu überwinden. Wringham spricht in diesem Zusammenhang von »gelegentlichen Übungen in freiwilliger Unbequemlichkeit«.[41] Dazu zählt er zum Beispiel, trotz Hitze auf eine Klimaanlage zu verzichten, zu Fuß zu gehen, statt das Auto zu benutzen etc. Der Gewinn solcher Einfachheit ist eine gewisse Unabhängigkeit und Freiheit.

Bringt man die beiden Positionen zusammen, dann widersprechen sie sich nicht, sondern ergänzen sich: sich am Einfachen zu erfreuen und das bewusst zu genießen und sich gleichzeitig in maßvoller Selbstbeherrschung zu üben. Der amerikanische Philosoph Daniel Haybron sieht darin eine Anleitung zum Glücklichsein. Aus seiner Sicht führen die »Genießer« des Einfachen ein besseres Leben als die »Konsumenten«.[42] Kann man diese Genuss-Seite fördern? Wringham schlägt dazu das lohnende »Spiel des letzten

Stücks Schokolade im Universum« vor.[43] Wie würde ich das essen? Welchen Wert hätte das dann für mich? Dieses Spiel lässt sich auch auf beliebige andere Dinge anwenden.

Man könnte auch von Fastenübungen – bei weitem nicht nur körperlichen – sprechen. Das heißt zu lernen, immer wieder etwas sein zu lassen, was uns genussfähiger und gleichzeitig wesentlich unabhängiger von anderen macht, und es dient letztlich allen, weil dadurch weniger verbraucht wird.

Authentisch lebe ich auch, wenn meine Fähigkeiten und Kompetenzen zu meiner Umwelt passen, in der ich lebe. Menschen können sich hervorragend an ihre jeweilige Lebenswelt anpassen, sonst könnten wir nicht im ewigen Schnee der Arktis und der Savanne Afrikas unser Leben entfalten. Aber wer beispielsweise seine persönlichen sozialen und sprachlichen Kompetenzen nicht verwirklichen kann, weil er oder sie zum Beispiel »nur« einen Computer mit Daten füttern muss, wird mindestens unzufrieden, vielleicht auch depressiv. Es ist deshalb nützlich, seine Vorlieben gut zu kennen, um dann dafür zu sorgen, dass es für diese genügend Spielraum im eigenen Leben gibt. Das muss sicherlich nicht nur das Berufsleben betreffen, wenn sie dort allerdings gar nicht zum Tragen kommen, brauche ich schon eine gehörige Portion Durchhaltevermögen.

Remo Largo spricht in seinem empfehlenswerten Buch *Das passende Leben* von Fit- und Misfit-Konstellationen und -Situationen. Das Leben ist nie zu hundert Prozent passend, es kommt vielmehr darauf an, immer wieder die persönlich passende Nische zu finden und Passungsschwierigkeiten oder gar -verlusten aktiv zu begegnen. Das lässt sich dann auch wieder mit Frankls Gedanken in Einklang bringen, jeweils persönliche Antworten auf die unzähligen Herausforderungen des Lebens zu finden. Langweilig kann es uns so mit Sicherheit nicht werden.

Zu sich und seinen Werten zu stehen, kann durchaus bedeuten, immer mal wieder Vertrautes zu verlassen und gegen den Strom zu schwimmen. Konsumverzicht ist ja auch ein solch klares Statement gegen das Wachstumskredo des Immer-Mehr. Viele spüren, dass es so nicht weitergehen kann, dass sich etwas ändern muss und dass es einen Teil in uns gibt, der sich nach mehr Einfachheit sogar sehnt. Konstantin Wecker beschreibt diese authentische Sehnsucht in uns ganz wunderbar in einem seiner Lieder:

> Wer seine Werte selbst bestimmt
> Und wer sich auf sich selbst besinnt,
> Ist marktwirtschaftlich nicht mehr zu gebrauchen.
>
> Das ist nicht gern gesehn zur Zeit.
> Verdient wird an Beliebigkeit,
> Und schließlich muss der Schornstein immer rauchen.
>
> Deshalb bleibt manches Lied gezielt
> Sich selbst umkreisend ungespielt.
> Es könnte beim Verdrängen stören.
>
> Und doch, wir können nicht umhin,
> Wir ahnen es tief in uns drin:
> Es ist gefährlich, zu oft wegzuhören.
>
> Du spürst: es will, dass man sich stellt
> Und nicht nur dem, was dir gefällt.
> Es bleibt nur dies: Du musst dir alles geben!
>
> Und wenn du flüchtest, du verbrennst,
> Wenn du es nicht beim Namen nennst.
> Denn alles das und mehr: Das ist das Leben.[44]

Leben bedeutet, den eigenen Werten zu folgen und sich immer wieder um Authentizität zu bemühen. Dass das nicht jeden Tag gleich gut gelingt, ist menschlich und normal, dass wir dennoch auf unserem inneren Kurs bleiben und unserem Wertekompass folgen, ist für ein gelingendes und zufriedenes Leben allerdings entscheidend.

 Welchen Werten folgen Sie? Haben sich diese im Laufe Ihres Lebens geändert? Wenn ja, wodurch? Wie fühlt es sich an, seine Werte zu leben? Macht das authentisch? Und hat das für Sie eine Bedeutung?

Nachwort: Das Überleben der Menschheit kann nur mit weniger gelingen

Wir leben in einem gefährlichen Zeitalter.
Der Mensch beherrscht die Natur, bevor er gelernt hat,
sich selbst zu beherrschen.
Albert Schweitzer

»Treffen sich Erde und Mars. Wie geht's dir, fragt der Mars die Erde? Geht so, hab homo sapiens. Ach, halb so wild, das verschwindet wieder.« – Arbeiten wir alle fleißig daran, dass dieser Witz Wirklichkeit wird?

Auch 2019 wird der weltweite CO_2-Ausstoß wohl erneut steigen. Die Ressourcen werden knapper, die Regenwälder brennen oder werden abgeholzt, damit sie für unsere Bedürfnisse und die Geldbeutel der Großgrundbesitzer ausgebeutet werden können. Die Erde schwitzt und wir mit ihr, die Gletscher schmelzen und verlieren dadurch weltweit jährlich rund 335 Milliarden Tonnen Eis – das entspricht dem Dreifachen des aktuellen Gletschervolumens der europäischen Alpen. Dennoch kann sich die Weltgemeinschaft beim Weltklimagipfel von Madrid nur zu vagen Maßnahmen durchringen, die all dem, was die allermeisten führenden Wissenschaftler sagen, zuwiderlaufen und völlig unzureichend sind.

Mikroplastik findet sich vermutlich schon in unseren Körpern – mit noch nicht absehbaren Folgen. Und die Weltbevölkerung wächst unaufhörlich, nicht so sehr, weil zu viele Menschen geboren werden, sondern weil alle viel länger leben. Und wir leben weiter, als ginge uns das nichts an, als gäbe es kein Morgen, als gäbe es keine

Kinder und Enkelkinder oder gar noch weitere Generationen.

Als »Erdüberlastungstag« wird der Tag bestimmt, ab dem die Menschheit mehr Ressourcen verbraucht, als die Erde zur Verfügung stellt. 1971 gab es ihn erstmals und er war am 21. Dezember. Im Folgejahr veröffentlichte der Club of Rome erstmals seinen viel beachteten Bericht über die Grenzen des Wachstums. Geschehen ist allerdings bis heute (zu) wenig. Der »Erdüberlastungstag« rückt seither unaufhaltsam nach vorne, im Jahr 2019 auf den 29. Juli. Betrachtet man nur den Ressourcenverbrauch Deutschlands, dann lag er schon auf dem 3. Mai. Das entspricht einer Belastung für die Erde, als ob wir drei Planeten hätten.

Eigentlich müsste uns das zum Handeln bewegen. Doch während Greta Thunberg vom Time Magazin zur Person des Jahres 2019 gewählt wird, lassen wir in Deutschland bis einschließlich November 18 Prozent mehr SUV neu zu und fliegen weltweit im selben Jahr etwa eine Million mal öfter als noch 2018, alleine in Deutschland stiegen in der ersten Jahreshälfte 2019 etwas mehr als 4 Prozent mehr Menschen in Flugzeuge ein. Die Entwicklung des jährlichen Fleischkonsums in Europa ist von 2018 auf 2019 erneut gestiegen: von 64,9 auf 65,3 Kilogramm pro Kopf. Im Jahr 2010 betrug der Konsum noch 63,4 Kilogramm – all das trotz negativer Folgen für das Klima, um die wir mehrheitlich wissen.

Die Jäger-und-Sammler-Mentalität bestimmt noch mehrheitlich unser Handeln. Über Jahrtausende war ja auch für unser Überleben als Menschen entscheidend, dass wir das, was uns die Erde bot, sammelten und, wo möglich, auch für kurze Zeit aufbewahrten, um eine Notreserve zur Verfügung zu haben. Dabei beuteten unsere Vorfahren die Erde allerdings nie aus. Erst mit Beginn der industriellen Revolution änderte sich das. Heute hat sich in weiten Teilen der Welt unser Verhalten ins Gegenteil verkehrt.

Die »Wende zum Weniger«, wie es der Journalist Bernd Ulrich von der ZEIT formuliert, findet den Weg nicht von den Schlagzeilen in die Lebenswirklichkeit. Das hat sicherlich auch damit zu tun, dass wir (noch) nichts am eigenen Leib spüren und dass es für das Wir kein gemeinsames Fühlen gibt. Das stellt ja bekanntlich die größte Triebfeder für Veränderung dar. Und hat mit einer »Grundeinstellung« unseres Gehirns zu tun, die die Psychologen kognitive Dissonanz nennen. Wir trennen unsere Erkenntnis von unserem Handeln, das heißt, wir sind zum Beispiel für Tierwohl und kaufen dennoch das unschlagbare Sonderangebot an der Fleischtheke. Oder wir finden, dass gegen den Klimawandel etwas getan werden muss, und buchen den nächsten Urlaub mit dem Flieger. Widersprüche und Ambivalenzen gehören zum Leben, um sie auszuhalten, haben wir gelernt, innerlich zu trennen. So können wir weitermachen wie bisher und gleichzeitig für die Veränderungen sein. So können wir mit dem Schmerzhaften umgehen, ohne die Lebensfreude zu verlieren. Mit anderen Worten: Auf diese Weise gehen wir am Schweren und Schmerzhaften des Lebens nicht unter, sondern können weiter den Augenblick genießen und uns an unserem Leben und seinen vielen Möglichkeiten erfreuen.

Ein entscheidender Schritt in einem persönlichen und gesellschaftlichen Transformationsprozess ist die bewusste Hinwendung zu diesen Ambivalenzen und ihre Bejahung. Auf der einen Seite kann erst durch Bewusstwerden Veränderung geschehen. Auf der anderen Seite gehört auch die Erkenntnis dazu, dass ich weder alle Widersprüche aufzulösen vermag noch sie auflösen muss, um etwas Bestimmtes zu erreichen. Ambivalenzen können auf diese Weise unser Leben bereichern, sie müssen nicht verdrängt oder dissoziiert werden, dann regen sie am Ende zu mehr und nicht zu weniger Wachstum und Veränderung an.

Und noch etwas ist für dieses Verhalten verantwortlich: Unser evolutionäres Erbe, das geprägt war von einem Leben in kleinen Gruppen und Gemeinschaften. Der Nächste ist für unser Überleben als Gemeinschaft in einer gefährlichen Umwelt immer wichtiger gewesen als irgendein Mitglied aus einem anderen entfernten Stamm. Daraus entwickelten zahlreiche Weisheitslehren und religiöse Traditionen die Ethik der Nächstenliebe. Hans Jonas vertritt in seinem Werk *Das Prinzip Verantwortung* deswegen den Standpunkt, dass die Nächstenliebe erweitert werden müsse zur Ethik der »Fernstenliebe«. Es müsse Verantwortung übernommen werden für zukünftige Generationen sowie für fremde und entfernte Kulturen. In Anlehnung an Kant formulierte er deswegen einen neuen ethischen und gleichzeitig ökologischen Imperativ: »Handle so, dass die Wirkungen deiner Handlung verträglich sind mit der Permanenz echten menschlichen Lebens auf Erden.« Aktueller geht es kaum.

Ich kenne unzählige Patientinnen und Patienten, die aufgrund einer persönlichen Krise, egal ob es sich dabei um eine körperliche oder seelische Krankheit handelte, Bedeutsames in ihrem Leben verändert haben, was sie sich vorher kaum vorzustellen vermochten. Viele sagen nach einer solchen Krise: Hätte ich das doch vorher schon beherzigt – gewusst habe ich es eigentlich schon lange. Es ist wie mit dem Müll: Vermeiden ist besser als recyceln. Aber auch durch Recyceln entsteht noch eine Menge Gutes, manchmal sogar Neues. Ja, mitunter gibt es sogar so etwas wie »PlusHeilung«, wie es der Nervenarzt und Psychoanalytiker Hartmut Kraft nennt. Er meint damit das Wachsen an Krisen, aus denen man tatsächlich stärker herauskommen kann, als man zuvor war.

Mangelnde Veränderungsbereitschaft hat viel mit Ängsten zu tun. Ängste vor dem Unbekannten, vor Einschränkungen und Verzicht, aber auch Ängste, es nicht zu schaffen und (wieder) zu versagen und es deswegen am besten gar nicht erst zu versuchen. Das ist sehr verständlich und menschlich. Haben wir doch fast alle früh gelernt, möglichst keine Fehler zu machen und wenn doch, sie zumindest niemandem zu offenbaren. Vermeintliche Fehler, Rückschritte und Scheitern gehören zum Leben dazu. Wenn wir lernen, mit ihnen freundlich umzugehen und sie als das zu betrachten, was sie eigentlich sind – nämlich Rückmeldungen über noch zu wenig beachtete Bedürfnisse und ausgeblendete Gefühle, dann können sie hilfreich zur Kurskorrektur beitragen.

Wir sollten auch deshalb unsere Ängste sehr ernst nehmen, weil sie ungefiltert und unhinterfragt typische biologisch in uns angelegte Verhaltensschemata auf erlebte Bedrohung auf den Plan rufen. Das sind entweder Fluchtreflexe wie: Das geht mich alles gar nichts an; das ist alles halb so schlimm; Hauptsache mir geht es gut. Oder aber Aggressionen (Kampfhandlungen), die sich auf andere und anderes richten, von dem vermeintlich die Bedrohung ausgeht. Oder aber es wird der Totstellreflex aktiviert, der uns handlungsunfähig und orientierungslos zurücklässt. Ängste sind nicht immer logisch, eher psycho-logisch. Wie sonst ist es zu erklären, dass vermutlich fast niemand davon Kenntnis genommen hat, dass im Hitzesommer 2018 allein in Berlin wegen der Hitze 500 Menschen starben, während die ganze Nation bestürzt auf die zwölf Toten durch den schrecklichen Anschlag auf den Weihnachtsmarkt am Berliner Breitscheidplatz reagierte. Letzteres ereignete sich zu einem bestimmten Zeitpunkt, das erste Ereignis war über den Sommer verteilt. Auf Letzteres stürzten sich Medien und Politik, auf Ersteres niemand!

Unsere Ängste müssen also auf doppelte Weise ernst genommen werden: Als Quelle von reflexhafter Fehlinterpretation und Fehlverhalten und als Feedback über (unbeachtete) Bedürfnisse.

Dass Verzicht sogar Freude machen kann und neue Räume öffnet, davon habe ich in diesem Buch berichtet. Die Wende zum Weniger kann gelingen, wenn wir uns bewusstmachen, was wir alles gewinnen. Wenn wir nicht mehr in dem Maße wie bisher konsumieren müssen, dann bleibt viel Raum für das Leben an sich.

Das bedeutet nicht zwangsläufig den Absturz in Armut. Wenn ich weniger konsumiere, brauche ich auch weniger Geld, dann muss ich auch nicht mehr so viel arbeiten wie bisher, was wiederum einen Zugewinn an Lebenszeit bedeutet. Für Spaziergänge in der Natur, das Pflegen von Beziehungen und für viele andere kostenlosen Aktivitäten braucht es wenig oder kein Geld.

Dass Verzicht Verbindung herstellen kann, deutet sich mittlerweile an. Hierfür gibt es bereits ermutigende Vorbilder im Kleinen: generationsübergreifende Wohnprojekte oder am Gemeinwohl orientierte Firmen. Auch in der Corona-Krise zeigte sich an vielen Stellen diese positive Seite von Verzicht und Einschränkung. Für die ganz großen Entwürfe fehlt (noch) der Mut. Es hängt viel mehr von jedem Einzelnen ab, als wir denken. Das will die folgende kleine Zen-Geschichte verdeutlichen:[45]

Auf einem hohen Berg in der Nähe eines Dorfes lebte ein Greis, von dem die Leute sagten, dass er alles wisse. Zwei Jungen aus dem Dorf hatten sich nun in den Kopf gesetzt, dem alten Mann eine Frage zu stellen, die er nicht beantworten konnte.

Stundenlang saßen sie auf einer Wiese und überlegten und überlegten, welche Frage sie dem Alten stellen könnten. Yang kletterte auf einen Baum, um besser überlegen zu können. Auf einem Ast neben ihm saß ein kleiner Vogel, der leise zwitscherte. Ganz plötzlich schnappte Yang sich den Vogel und hielt ihn in seiner Hand fest.

Als er zu seinem Bruder Ying hinunterkam rief er: »Ich hab's! Ich weiß, was wir den Alten fragen werden.« Er zeigte seinem Bruder den Vogel in seiner Hand und sagte: »Wir fragen ihn, was ich in der Hand halte!«

»Er wird antworten, dass du einen Vogel in der Hand hältst«, erwiderte Ying wenig begeistert. Yang sagte: »Ich weiß. Aber dann werde ich ihn fragen, ob der Vogel tot oder lebendig ist! Und wenn er sagt, dass der Vogel lebt, dann drücke ich meine Hände zusammen. Wenn er aber sagt, dass der Vogel tot ist, dann lasse ich ihn fliegen!«

Diese Idee fand auch Ying gut und so rannten sie aufgeregt den Berg hinauf zu dem alten Mann. Schon von weitem riefen sie: »Alter Mann, wir haben eine Frage für dich!« Der Greis saß meditierend vor seiner Hütte. Nach einer Weile öffnete er langsam die Augen und blickte die beiden zappeligen Jungen an.

»Alter Mann, wir haben eine Frage an dich!«, sagte Ying.

»So fragt«, antwortete der Greis

»Alter Mann, was halte ich hier in der Hand?«, fragte Yang und die Brüder starrten den Alten gespannt an.

Er schloss die Augen, dachte einen Augenblick nach und öffnete sie wieder. Er sagte: »Du hast einen Vogel in deiner Hand.«

Yang schaute siegesgewiss zum Greis und fragte: »Nun denn, weiser Mann, ist der Vogel tot oder ist er lebendig?«

Daraufhin schloss der Greis seine Augen wieder. Ying und Yang wurden ganz ungeduldig und als er endlich seine Augen wieder öffnete, sprach er:

»Mein Sohn, ob der Vogel tot oder lebendig ist, das liegt ganz in deiner Hand.«

Rick Hanson schlägt vor, der Erde gegenüber eine liebevolle Zugewandtheit zu entwickeln. Er beschreibt sie als viertes Motivationssystem von uns Menschen (nach Schmerzvermeidung, Belohnung und Bindung). Betrachten wir unsere Erde als das, was sie in Wahrheit ist, nämlich die Grundlage allen Lebens, dann können wir eigentlich nur voll Dankbarkeit und Wertschätzung alles für ihren Fortbestand tun. Wäre die Erde unser geliebter Partner oder ein guter Freund, wüssten wir intuitiv, wie wir handeln müssten.[46] Wir alle können dazu täglich eine Menge beitragen: Wasser einsparen; Lebensmittel nicht wegschmeißen, sondern weiter verwerten; den Fleischkonsum einschränken oder unser persönliches Bestellverhalten via Internet kritisch hinterfragen. Denn nicht nur Transportwege, sondern auch die Retouren nehmen jährlich zu. 2018 waren es in Deutschland 20 Millionen Artikel, die zurückgeschickt wurden. Sie tragen in grotesker Weise zum Wegwerfen von neuen Produkten bei, weil die Weiterverwertung inklusive dem Spenden zu aufwändig erscheint. Welch ein Irrsinn! Außerdem führt die Bestellflut ganz nebenbei zum Aussterben des Einzelhandels in unseren Städten.

Mit einer Haltung von liebevoller Dankbarkeit können wir der Natur Respekt zollen, den Bäumen für den Sauerstoff, den sie aus unserem Kohlendioxid machen, den Bienen für ihr Bestäuben von Pflanzen. Wer einmal gesehen hat, wie in China an manchen Orten mittlerweile aufwändig von Menschenhand bestäubt wird, kann diese Leistung der Insekten nicht mehr geringschätzen. Sich für den Erhalt unserer natürlichen Umwelt stark machen, kann genauso eine Antwort auf den globalen Ressourcenverbrauch sein wie ein von Herzen kommendes persönliches, innerlich formuliertes Dankeschön.

Das geht auch, obwohl ich immer wieder Ressourcen verbrauche und mit meinem Verhalten zum CO_2-Ausstoß beitrage. Interessant ist auch die gelegentliche Ermittlung des eigenen CO_2-Verbrauchs zum Beispiel über https://uba.co2-rechner.de/de_DE/. Auch das Umweltbundesamt hält aufschlussreiche Informationen bereit. Auf eine interessante Variante stieß ich erst kürzlich: Mittlerweile gibt es Firmen[47], bei denen man CO_2 nicht nur kompensieren kann. Weil diese mit dem Geld CO_2-Zertifikate kaufen und damit dem Handel entziehen, steigt so der Preis der Zertifikate für alle und der Anreiz zum Einsparen wächst – ein doppelter Hebel.

Erst kürzlich wurde sehr eindringlich darauf hingewiesen, dass das Benutzen der digitalen Medien genauso viel CO_2 produziert wie alle Flüge zusammen. Mit jeder E-Mail, WhatsApp-Nachricht oder Ähnlichem stoßen wir CO_2 aus, weil hinter all dem gewaltige Rechenzentren stehen, die gigantische Mengen Strom benötigen. Diese brauchten im Jahr 2018 14 Milliarden Kilowattstunden alleine in Deutschland. Das sind 40 Prozent mehr als im Jahr 2010. Setzt sich diese Entwicklung fort, würden Rechenzentren in den nächsten Jahren doppelt so viel Energie benötigen, das befürchtet Ralph Hintemann, Energieforscher am Borderstep-Institut für Innovation und Nachhaltigkeit in Berlin. Jede Suchanfrage verbraucht Energie. Laut Google produziert eine Anfrage etwa 0,2 Gramm CO_2. Bedenkt man, dass jeden Tag 3,45 Milliarden Mal gegoogelt wird, kommt eine beträchtliche Menge zusammen. Ebenso bei jeder E-Mail, von denen wir in Deutschland rund eine Milliarde pro Tag versenden. Dabei fallen 1.000 Tonnen Kohlenstoffdioxid an, ein Gramm pro E-Mail. Eine Stunde Video-Streaming produziert so viel CO_2 wie ein Kilometer Autofahren.

Wir sind also alle beteiligt am großen Stromkonsum. Und wir können aktiv etwas tun: E-Mails löschen, die wir nicht mehr brauchen, denn sie kosten Speicherplatz in den Rechenzentren; Newsletter abbestellen, die ich nicht mehr

lese; keine Clouds für Dinge nutzen, auf die ich nicht permanent zugreifen muss; Vermehrung von Daten vermeiden, denn aus ein paar Megabytes werden rasch Gigabytes, alleine schon durch das Versenden von Fotos oder Videos an Gruppenchats sammelt sich schnell Datenvolumen an.[48]
Albert Schweitzer hat bereits eine Ethik des Lebens formuliert, die aktueller nicht sein könnte. Er schreibt: »Ich bin Leben, das Leben will inmitten von Leben, was leben will.« Daraus spricht die Verbundenheit von allem mit allem. Ganz langsam spüren wir, was das konkret bedeutet und dass es wahr ist. Wir Menschen sind auf eine so feine Weise in das große Ganze der Natur eingebunden, dass es eigentlich nur demütig machen kann. Und genau diese Haltung brauchen wir, glaube ich, in der gegenwärtigen Krise mehr denn je. Alles ist mit allem verbunden, deswegen kommt das, was wir wegschieben, irgendwann wieder zu uns zurück. Mikroplastik ist ein Beispiel dafür, das Klima ein weiteres.

Diese Verbundenheit von allem mit allem lässt sich sogar bis in unsere Gene hinein verfolgen, wie Remo Largo feststellt: »Im Alten Testament, im ersten Buch Mose, erfahren wir in der Schöpfungsgeschichte, wie der Mensch an einem einzigen Tag erschaffen wurde. Die neuesten Erkenntnisse der Anthropologie, Evolutionsbiologie und der Genetik haben zu einer anderen, aber nicht weniger wunderbaren Einsicht geführt. Wir Menschen sind im Verlauf von 450 Millionen Jahren aus dem unablässigen Zusammenwirken unzähliger Lebewesen und deren Umwelt hervorgegangen. Wir teilen mit allen Lebewesen dieser Erde einen gemeinsamen Ursprung und sind demnach – wenn auch in unterschiedlichem Ausmaß – mit Insekten, Reptilien und Säugetieren, ja selbst mit Algen, Palmen und Obstbäumen genetisch verwandt. Die Verantwortung für die Umwelt ist uns gewissermaßen ins Erbgut hineingeschrieben.«[49] Wir haben es also genau genommen immer mit Verwandten zu tun! So betrachtet, wird aus der Fernstenliebe doch wieder Nächstenliebe!

Jede und jeder zählt. Wer den eigenen Beitrag für unbedeutend hält, sei an die Klimaaktivistin Greta Thunberg erinnert. Im September 2018 begann sie, mit einem Pappschild vor dem schwedischen Reichstag gegen die Klimaerwärmung zu protestieren. Ein Jahr später gehen Hunderttausende auf der ganzen Welt auf die Straße, um sich ihrem Anliegen anzuschließen. Da wurde von einem kleinen Schulmädchen eine Lawine losgetreten, vor der sich die Mächtigen der Welt gegenwärtig richtiggehend fürchten. Kann eine einzelne Person also nichts bewirken?

Was wäre aus der amerikanischen Antirassismusbewegung geworden, hätte nicht Martin Luther King einen Traum gehabt. Wo stünde Indien heute ohne die friedfertige Kompromisslosigkeit von Mahatma Ghandi? Aus dem Anstoß einer einzigen Person kann eine riesige Bewegung werden. Und wer weiß schon, ob der eigene Beitrag zu einer Veränderung nicht auch eine Sogwirkung auf andere entfaltet, denen sich wiederum andere anschließen. Mir persönlich erging es so, als mir eine Freundin davon erzählte, dass sie gerade damit experimentiere, auf Plastik zu verzichten und was es mittlerweile alles plastikfrei gebe. Ich war überrascht und gleichzeitig so vom Thema angesprochen, dass ich mich intensiver damit zu beschäftigen begann. Nicht weil ich davon zum ersten Mal gehört hätte, sondern vielmehr, weil durch die persönliche Beziehung das Thema plötzlich bei mir zündete.

Und wenn mein Beitrag nicht groß wird, wenn sich aus ihm keine Bewegung entwickelt? Dann zählt immer noch ganz im Sinne von Vaclav Havel, dass es entscheidend ist, dass etwas für mich Sinn macht, ganz egal wie es ausgeht. Letztlich kann nur daraus genügend Motivation für mein

Handeln erwachsen. Nur so konnte Martin Luther seinen berühmten Apfelbaum pflanzen: Heute handeln, auch wenn ich das Morgen nicht kenne. Trotz allem handeln, trotz allem jetzt damit beginnen.

Dazu passt das »Trotzdem« von Mutter Teresa, mit dem ich schließen möchte. Sie können das Wort Gott am Ende gerne ersetzen durch einen für Sie passenderen Begriff, der Inhalt bleibt derselbe, wenn es sich dabei um etwas handelt, was über mich als Mensch im Sinne einer Transzendenz hinausweist.

Die Menschen sind unvernünftig, irrational und egoistisch.
Liebe diese Menschen trotzdem.

Wenn du Gutes tust, werden dich die Menschen beschuldigen,
dabei selbstsüchtige Hintergedanken zu haben.
Tue trotzdem Gutes.

Wenn du erfolgreich bist,
gewinnst du falsche Freunde und wahre Feinde.
Sei trotzdem erfolgreich.

Das Gute, das du heute getan hast,
wird morgen schon vergessen sein.
Tue trotzdem Gutes.

Ehrlichkeit und Offenheit machen dich verwundbar.
Sei trotzdem ehrlich und offen.

Die Menschen bemitleiden Verlierer,
doch sie folgen nur den Gewinnern.
Kämpfe trotzdem für ein paar von den Verlierern.

Woran du Jahre gebaut hast,
das mag über Nacht zerstört werden.
Baue trotzdem weiter.

Die Menschen brauchen wirklich Hilfe, doch es kann sein,
dass sie dich angreifen, wenn du ihnen hilfst.
Hilf diesen Menschen trotzdem.

Gib der Welt das Beste, was du hast,
und du wirst zum Dank dafür einen Tritt erhalten.
Gib der Welt trotzdem das Beste.

Letztendlich ist dann alles eine Angelegenheit
zwischen dir und Gott.
Sowieso war es nie eine Angelegenheit
zwischen dir und anderen.[50]

Ausblick

> *Die Pause braucht mich*
> *um sich zu sammeln*
> *Verstohlen hol ich aus ihrer*
> *entzündlichen Stille den Funken*
>
> Rose Ausländer

Darf's auch etwas weniger sein? Dieser Frage habe ich versucht auf unterschiedlichen Ebenen in diesem Buch nachzugehen. Ich weiß nicht, ob Sie nun, am Ende angelangt, anders darüber denken. Vielleicht fühlen Sie sich auch in Ihrem Weg, den Sie ohnehin schon eingeschlagen haben, bestätigt. Ich jedenfalls würde mich freuen, wenn Sie entdeckt haben, dass unterschiedliche Formen des Verzichts mit einem Zugewinn von körperlicher, seelischer und geistiger Gesundheit einhergehen können. Und dass gerade dies heute wichtiger ist als vielleicht jemals zuvor.

Wir können uns einiges ersparen, was Kraft, Zeit und durchaus auch Geld kostet, wenn wir erkennen, dass Selbstoptimierung, Gefallen-Wollen, Anspruchsdenken, Multioptionsdenken und -handeln sowie Zeiteffizienz nicht notwendig sind, um glücklich und zufrieden zu leben.

Denn wir sind eben genauso oft selbst Teil des Tempos, das wir gerne beklagen. Oder mit George Orwell gesprochen: »Die Zeit vergeht nicht schneller als früher, aber wir laufen eiliger an ihr vorbei.«

Wenn es Ihnen und mir immer wieder gelingt, zu entschleunigen und das Tempo rauszunehmen, hätte sich eines meiner Anliegen erfüllt. Dass dies auf sehr unterschiedlichen Ebenen geschehen kann, habe ich versucht darzulegen. Damit ist ähnlich einer Speisekarte hoffentlich für jeden etwas dabei. Und, um bei dem Vergleich zu bleiben, besteht dabei genauso die Möglichkeit, mal etwas bisher Unbekanntes auszuprobieren. Vielleicht entwickelt sich dadurch eine neue Vorliebe.

Mein größtes Anliegen allerdings ist der Erhalt unseres Planeten Erde, die Hoffnung, dass es uns gelingt, das Steuer herumzureißen und Verantwortung für das Leben aller Lebewesen zu übernehmen. Ich hoffe, dass es uns immer leichter fällt, wahrzunehmen und zu spüren, dass letztlich alles mit allem zusammenhängt und dass wir durch Verzicht und Lassen allen etwas Gutes tun!

Am Ende könnten wir mit Hans im Glück wieder bei der Frage landen, was im Leben wirklich zählt. Beantworten kann sie nur jeder für sich. Hans' Botschaft allerdings lautet eindeutig: Weniger ist mehr, wenn ich reich an liebevollen Beziehungen bin und mich für die Verbundenheit miteinander einsetze.

Dank

Ich bin sehr dankbar dafür, immer wieder neue Erfahrungen zu machen, die mir neue Blickwinkel und Sichtweisen ermöglichen. Ich bin dankbar dafür, zu erleben, dass auch unangenehme und schmerzvolle Erfahrungen, die ich lieber nicht hätte machen wollen, sich als Potenzial für Wachstum, Veränderung und Bereicherung meines Lebens entpuppt haben.

Am Ende möchte ich sehr gerne den Menschen Danke sagen, die besonders an der Entstehung dieses Buches Anteil haben. Als neugieriger Mensch freue ich mich immer wieder über Anregungen anderer Menschen. Das passiert in Gesprächen, auf Fort- und Weiterbildungen und durch Bücher. Die Literaturliste lässt sich auch als Dankeschön an die hier zitierten Autorinnen und Autoren lesen. Dabei sind selbstverständlich längst nicht alle genannt, die mich über all die Jahre beeinflusst und geprägt haben.

Mein Sohn Nico hat sich trotz seiner Masterarbeit die Mühe gemacht, mein Buch mit den Augen der jungen Erwachsenen kritisch zu lesen und zu kommentieren. Das hat mich sehr berührt. Vielen Dank dafür!

Mein ganz besonderer Dank gilt meiner Lektorin Heike Hermann, die mit Ideenreichtum, liebevoll-kritischen Kommentaren und einem klaren Blick für gute Struktur dem Buch Form und Schliff gegeben hat.

Nicht zuletzt bin ich dem Leben und der göttlichen Kraft, die hinter ihm steht, unendlich dankbar dafür, gerade jetzt dabei zu sein.

Herzlichen Dank!

Literatur

Aggrey, J. (1985). Der Adler, der nicht fliegen wollte. Peter Hammer, Wuppertal.
Badische Zeitung, Interview mit Thomas Middelhoff, 14.09.2019.
Buber, M. (1983). Ich und Du. Lambert Schneider, Heidelberg.
Csikszentmihályi, M. (2010). Flow – das Geheimnis des Glücks. Klett-Cotta, Stuttgart.
https://www.deutschlandfunk.de/forschungsprojekt-zur-musse-die-kunst-die-gedanken-fliegen.1148.de.html?dram:article_id=323635, 2015
Dorst, B. (2018). Alles beginnt mit Sehnsucht und Suche. Herzensbildung auf dem Sufi-Weg. Patmos, Ostfildern.
Esch, T., von Hirschhausen, E. (2018). Die bessere Hälfte: Worauf wir uns mitten im Leben freuen können. Rowohlt, Reinbek bei Hamburg.
Firus, Schleier, Geigges, Reddemann (2012). Traumatherapie in der Gruppe. Klett-Cotta, Stuttgart.
Firus, C. (1992). Der Sinnbegriff der Logotherapie und Existenzanalyse und seine Bedeutung für die Medizin. Centaurus, Pfaffenweiler.
Firus, C. (2015). Verabredung mit dem Glück. So stärken Sie Ihre seelische Widerstandskraft. Patmos, Ostfildern.
Firus, C. (2016). Wieder Land sehen. Selbsthilfe bei Depressionen. Patmos, Ostfildern.
Firus, C. (2018). Der lange Schatten der Kindheit. Patmos, Ostfildern.
Frankl, V. (1982). Trotzdem ja zum Leben sagen. dtv, München.
Frankl, V. (1984). Der leidende Mensch. Anthropologische Grundlagen der Psychotherapie. Huber, Bern
Frankl, V. (1984). ... trotzdem Ja zum Leben sagen. Ein Psychologe erlebt das Konzentrationslager. dtv, München.
Frankl, V. (1985). Ärztliche Seelsorge. Grundlagen der Logotherapie und Existenzanalyse. Fischer, Frankfurt.
Germer, C. (2013). Der achtsame Weg zur Selbstliebe. Arbor, Freiburg i. Breisgau.
Grant and Glueck Study, http://www.adultdevelopmentstudy.org/grantandglueckstudy
Grawe, K. (2004). Neuropsychotherapie. Hogrefe, Göttingen.
Guggenmos, J. (2018). Oh, Verzeihung, sagte die Ameise. Beltz und Gelberg, Weinheim, S. 255.
Hanson, R. (2015). Das Gehirn eines Buddha. Arbor, Freiburg i. Breisgau.
Hanson, R. (2019). Newsletter »Just one thing«, 19.9.19.
Kabat-Zinn, J. (2011). Gesund durch Meditation. Knaur, München.
Largo, R. (2017). Das passende Leben. Was unsere Individualität ausmacht und wie wir sie leben können. Fischer, Frankfurt a. Main.
Meyer-Lindenberg, A. (2019). Psychische Gesundheit in der Stadt. In: Info Neurologie und Psychiatrie, 2019; 21 (7–8).
Michalsen, A. (2019). Mit Ernährung heilen. Insel, Berlin.
Ornish, D. und A. (2019). Undo it! Penguin Random House, New York.
Seligman, M. (2002). Der Glücksfaktor. Bastei Lübbe, Bergisch-Gladbach.
Spitzer, M. (2017). Pfadfinder, Wandervögel und seelische Gesundheit. In: Nervenheilkunde, 1–2/2017, 9–15.
Spitzer, M. (2019). Interview im Chrismon 08/2019, 46–47.
Spitzer, M. (2019). Natur – eine Dosis-Findungsstudie. In: Nervenheilkunde, 38; 615–617, Schattauer, Stuttgart.
Spitzer, M. (2019). Zur Psychologie der Erderwärmung. In: Nervenheilkunde, 39; 6–9, Schattauer, Stuttgart.
Strout, E. (2012). Mit Blick aufs Meer. Btb-Verlag, München.

Storch, M., Krause, F. (2011). Selbstmanagement – ressourcenorientiert, 4. Auflage, Huber, Bern.
Stutz, P. (2011). 50 Rituale für die Seele, Herder, Freiburg.
Ware, B. (2013). 5 Dinge, die Sterbende am meisten bereuen: Einsichten, die Ihr Leben verändern werden. Arkana, München.
Wecker, K. (2018). Das ganze schrecklich schöne Leben. Die Biographie. Penguin, München.
Welzer, H. in: https://www.zeit.de/zeit-wissen/2017/03/moral-werte-veraenderung-shifting-baseline-rechtspopulismus
https://de.wikipedia.org/wiki/Tugend, abgerufen am 27.10.2019
Wringham, R. (2016). Ich bin raus. Wege aus der Arbeit, dem Konsum und der Verzweiflung. Wilhelm Heyne Verlag, München.

Anmerkungen

1 Spitzer, 2019, S.8.
2 Vgl. Spitzer, 2017.
3 Dorst, 2018, S. 221f.
4 Interview in der Badischen Zeitung vom 14.09.2019
5 Wecker, 2018, S. 260.
6 Nach einer Zen-Geschichte
7 Michalsen, 2019, S. 181.
8 Stutz, 2011.
9 Vgl. Hansen, 2015.
10 Vgl. Esch, 2018.
11 Ornish, 2019, S. 199ff.
12 Vgl. Welzer, H. in: https://www.zeit.de/zeit-wissen/2017/03/moral-werte-veraenderung-shifting-baseline-rechtspopulismus.
13 Guggenmos, 2018, S. 255.
14 überlieferte Geschichte, Quelle unbekannt.
15 Vgl. Firus, 2018.
16 Strout, 2012, S. 60.
17 Vgl. Aggrey, 1985.
18 Frankl, 1985.
19 Frankl, 1984, S. 204.
20 Buber, 1983, S. 76.
21 Buber, ebd.
22 Vgl. Firus, 2018.
23 Firus, 2018.
24 Arundhati Roy, übersetzt von Bettina Röhricht, in: Die Zeit, 8.4.2020, S. 5.
25 https://www.ordensgemeinschaften.at/1043-david-steindl-rast-lebensfreude-ents%20pringt-nicht-dem-glueck-sondern-der-dankbarkeit
26 https://www.aerzteblatt.de/nachrichten/61674/Neue-S3-Leitlinien-Alkohol-und-Tabak-veroeffentlicht)
27 Lied von Gerhard Schöne, siehe Zitatnachweise
28 Siehe »Die Zeit« vom 13.12.2018, S. 34.
29 Frankl, 1985.
30 Ware, 2013, S. 213.
31 Grawe, 2004, S. 335.
32 Meyer-Lindenberg, 2019.
33 Spitzer, 2019.

34 Spitzer, 2019.
35 Storch und Krause, 2011.
36 Hanson, 2015.
37 Firus, 2018.
38 Frankl, 1985 und Firus, 1992.
39 Zitiert nach Firus, 1992, S. 11.
40 Wringham, 2016, S. 140.
41 Wringham, 2016, S. 141.
42 Siehe Wringham, 2016, S. 141.
43 Wringham, 2016, S. 144.
44 Lied von Konstantin Wecker, siehe Zitatnachweise
45 überlieferte Weisheitsgeschichte, Quelle unbekannt
46 Hanson, 2019, Newsletter »Just one thing«, 19.9.19
47 z.B. https://app.50zero.eu/checkout/)
48 Vgl: https://www.zdf.de/nachrichten/heute/klickscham-wie-viel-co2-e-mails-und-streaming-verusachen-100.html.
49 Largo, 2017, S. 18.
50 Zeilen auf einem Schild an der Wand von Shishu Bhavan, dem Kinderheim in Kalkutta. https://www.cbrom.de/index.php/spiritualitaet/artikel/580-maica-tereza-trotzdem-gedicht

Zitatnachweise

Anmerkung 13: aus: Josef Guggenmos, Oh, Verzeihung, sagte die Ameise © 1990, 2018 Beltz & Gelberg in der Verlagsgruppe Beltz. Weinheim Basel

Anmerkung 27: Text aus: Gerhard Schöne »Der Engel der die Träume macht« © BuschFunk Musikverlag Berlin, 2007

Anmerkung 44: ALLES DAS UND MEHR
Erstveröffentlichung: CD-Album »Vaterland«
Komposition und Text: Konstantin Wecker
© 2001 Sturm & Klang Musikverlag GmbH / Chrysalis Music Holdings GmbH / Alisa Wessel Musikverlag